A metafísica da felicidade real

ALAIN BADIOU

A metafísica da felicidade real

Tradução
Marcelo Mori

martins Fontes
selo martins

© 2018 Martins Editora Livraria Ltda., São Paulo, para a presente edição.
© 2015 Presses Universitaires de France
Esta obra foi originalmente publicada em francês sob o título *Métaphysique du bonheur réel* por Presses Universitaires de France (PUF).

Publisher *Evandro Mendonça Martins Fontes*
Coordenação editorial *Vanessa Faleck*
Produção editorial *Carolina Cordeiro Lopes*
Preparação *Luciana Lima*
Revisão *Renata Sangeon*
Ubiratan Bueno
Amanda Zampieri
Capa e projeto gráfico *Renata Milan*

Dados Internacionais de Catalogação na Publicação (CIP)
Andreia de Almeida CRB-8/7889

Badiou, Alain
A metafísica da felicidade real / Alain Badiou ; tradução de Marcelo Mori. – São Paulo : Martins Fontes – selo Martins, 2018.
112 p.

ISBN: 978-85-8063-347-4
Título original: Métaphysique du bonheur réel.

1. Felicidade – Filosofia 2. Hedonismo I. Título II. Mori, Marcelo

18-0894   CDD 152.42

Índices para catálogo sistemático:
1. Filosofia da felicidade

Todos os direitos desta edição reservados à
Martins Editora Livraria Ltda.
Av. Dr. Arnaldo, 2076
01255-000 São Paulo SP Brasil
Tel.: (11) 3116 0000
info@emartinsfontes.com.br
www.emartinsfontes.com.br

Sumário

Introdução 7
    I. Filosofia e desejo de filosofia 15
    II. Filosofia e antifilosofia diante da felicidade 45
    III. Para ser feliz, seria preciso mudar o mundo? 53
    IV. Destino e afetos da filosofia 71
Epílogo 109

Introdução

Indubitavelmente, é paradoxal dar o título *A metafísica da felicidade real* a um livro que parece ocupado, sobretudo, em discernir as tarefas da filosofia e que até mesmo se engaja, em seu final, na descrição de meus projetos pessoais, visto que eles dizem respeito à filosofia. Pois uma simples olhada em meus principais livros mostra que minha filosofia é, sem dúvida, construída, como qualquer outra, a partir de inúmeros elementos aparentemente bem diferentes, mas que ela se distingue pela função ativa de materiais raramente associados à felicidade, como a teoria dos conjuntos, a teoria dos feixes sobre álgebras de Heyting[1] ou a dos grandes infinitos. Ou, então, trata-se da Revolução Francesa, Russa, Chinesa, de Robespierre, de Lênin ou de Mao, todas e todos marcados pelo selo infame do Terror. Logo, eu

---

[1] Arend Heyting (1898-1980), matemático e lógico holandês. (N. T.)

recorro a inúmeros poemas considerados mais herméticos do que agradáveis, os de Mallarmé, de Pessoa, de Wallace Stevens[2] ou de Paul Celan[3], por exemplo. Eu tomo como exemplo o amor verdadeiro; desde sempre, os moralistas e as pessoas prudentes perceberam que os sofrimentos que ele provoca e a constatação banal de sua fragilidade criam dúvidas sobre sua vocação à felicidade. Sem contar que alguns de meus principais mestres, por exemplo, Descartes ou Pascal, Hegel ou Kierkegaard, dificilmente podem ser considerados, pelo menos à primeira vista, divertidos. Não se consegue, de maneira nenhuma, ver a relação entre tudo isso com uma vida tranquila, a abundância das pequenas satisfações cotidianas, um trabalho interessante, um salário decente, uma saúde de ferro, um casal realizado, férias das quais nos lembraremos durante muito tempo, amigos bem agradáveis, uma casa bem equipada, um carro confortável, um animal doméstico fiel e enternecedor, filhos encantadores, ausência de problemas, ótimos resultados escolares, em resumo, aquilo que se chama, ordinariamente e sob todos os ângulos, de "felicidade".

Eu poderia evidentemente me abrigar, para legitimar esse paradoxo, atrás dos mestres tidos como inquestionáveis, como Platão e Spinoza.

---

[2] Wallace Stevens (1879-1955), poeta norte-americano. (N. T.)

[3] Paul Celan (1920-1970), pseudônimo de Paul Pessach Antschel, poeta e tradutor romeno de língua alemã, naturalizado francês. (N. T.)

O primeiro, em *A República*, faz de uma longa educação matemática e de constantes exercícios de lógica dialética uma condição imperativa para qualquer acesso às verdades. Em seguida, ele demonstra que apenas aquele que, abandonando sua obediência às opiniões dominantes, confia unicamente nas verdades das quais seu pensamento "participa" (é a palavra de Platão) pode alcançar a felicidade. Como a dialética, cuja matemática é o preâmbulo obrigatório, não é nada mais que o movimento racional e lógico do pensamento, e esse movimento pode ser qualificado de "meta-físico" no sentido original da palavra (ele vai além do que é redutível a uma física científica), o laço entre a matemática, a lógica e a felicidade se encontra inteiramente fundado sobre um ponto de vista meta-físico que assegura a coerência desse laço. Ou ainda: se da matemática até a dialética e da dialética até a felicidade a consequência for boa, chamaremos de "metafísica" o pensamento completo dessa consequência. E, como a felicidade é o sinal infalível de todo acesso às verdades e, logo, o objetivo real de uma vida digna desse nome, podemos realmente dizer que o trajeto e sua reflexão completa compõem uma metafísica da felicidade.

O segundo, em sua *Ética*, começa afirmando que, se a matemática não tivesse existido, o animal humano teria continuado para sempre na ignorância, o que quer dizer que ele não teria aberto nenhum caminho para qualquer "ideia adequada" (é o léxico de Spinoza) que seja. Pois a participação imanente do intelecto humano a uma ideia adequada pode ser feita segundo dois regimes, que Spinoza chama de "segundo gênero" e "terceiro gênero" de conhecimento. O segundo gênero procede pelo árduo caminho das demonstrações que convoca a lógica, enquanto o terceiro gênero procede por uma "intuição intelectual", como a concentração em um ponto de todas as etapas de um raciocínio, a compreensão imediata no próprio Deus, ou seja, no Todo, de uma verdade, aliás, dedutível. Spinoza chama de "virtude" (sem dúvida Platão diria "justiça") o estado de um sujeito humano que alcança o conhecimento completo de uma ideia adequada, porque ele pôde alcançá-lo pelo terceiro gênero de conhecimento. Enfim, a felicidade (Spinoza emprega a palavra latina "beatitudo", que é mais forte) nada mais é que o exercício do pensamento verdadeiro, ou seja, a virtude: "A felicidade não é a recompensa da virtude, mas a própria virtude". Em outras palavras, a felicidade é o afeto do Verdadeiro que não teria existido sem a matemática e não teria podido se concentrar em uma intuição se não tivesse sido demonstrada antes. Mais uma vez, a matemática e a lógica compõem com a intuição intelectual o que se poderia perfeitamente chamar de uma metafísica da felicidade.

Em suma, toda filosofia, mesmo e sobretudo se estiver apoiada em saberes científicos complexos, obras de arte inovadoras, políticas revolucionárias e amores intensos é uma metafísica da felicidade, ou então ela não vale sequer uma hora de sofrimento. Pois por que impor ao pensamento e à vida as temíveis provas da demonstração, da lógica geral dos pensamentos, da inteligência dos formalismos, da leitura atenciosa dos poemas recentes, do engajamento arriscado nas manifestações de massa, dos amores sem garantia, se não porque tudo isso é necessário para que exista, enfim, a verdadeira vida. Aquela que Rimbaud diz ausente e que nós, filósofos, sustentamos que desencoraja todas as formas do ceticismo, do cinismo, do relativismo e da vã ironia do não enganável e que, ausente, nunca pode ser totalmente a verdadeira vida? O que segue é minha versão dessa certeza, e farei isso em quatro momentos.

Iniciarei com uma determinação geral sobre aquilo que pode ser hoje o interesse da filosofia, caso ela possa, ao menos, ser capaz de responder às injunções da época. Falando de outra maneira, vou esclarecer as razões pelas quais um sujeito humano pode (na verdade, deve, mas isso é outro tema) alimentar em si um desejo singular, que eu chamo, pura e simplesmente, de desejo de filosofia. Por meio de uma análise das restrições contemporâneas, mostrarei que a situação da filosofia se encontra hoje na defensiva e que, nesse caso, existe uma razão suplementar para apoiar o desejo por ela. Vou esboçar, para isso, as razões pelas quais esse apoio se encontra em relação com a possibilidade de uma felicidade real.

Em um segundo momento, para esclarecer o que nos educa em direção a tal felicidade e seu laço com o desejo de filosofia, falarei da antifilosofia, ilustrada por toda uma plêiade de brilhantes escritores como Pascal, Rousseau, Kierkegaard, Nietzsche, Wittgenstein e Lacan. Minha tese é a de que os antifilósofos, geralmente céticos em relação à possibilidade de se encontrar, ao mesmo tempo, no verdadeiro e na beatitude, levados à ideia do grande valor do sacrifício, mesmo inútil, nos são, contudo, necessários para que nosso classicismo não se transforme em academismo, que é o principal inimigo da filosofia e, logo, da felicidade: o afeto no qual o discurso acadêmico se reconhece infalivelmente é, na verdade, o tédio. E eles, os antifilósofos, nos ensinam que tudo o que tem um verdadeiro valor deve ser ganho, não pelo percurso dos usos ordinários e pela adoção de ideias dominantes, mas pelo efeito existencialmente percebido de uma ruptura com o andar do mundo.

No terceiro capítulo, enfrentarei arduamente a pergunta que o homem moderno, assim como o marxista convicto, sempre faz ao filósofo: "Para que você serve, com seus raciocínios abstratos? Não se deve interpretar o mundo sentado em seu quarto, é preciso transformá-lo". Então eu me pergunto o que quer dizer "mudar o mundo" e, supondo que isso seja possível, quais são os meios necessários. Essa análise estabelece que existe um laço subjetivo entre a existência de uma resposta à questão "como mudar o mundo?" e a felicidade real. Esse laço é estabelecido fazendo valer o sentido profundo das palavras "mundo", "mudar" e "como", trabalho que mostra, diga-se de passagem, que não há nada, na questão considerada, que possa desconcertar ou tornar o filósofo inútil, muito pelo contrário.

O quarto e último momento é o mais subjetivo. Trata-se de dar um exemplo local das estratégias e dos afetos da filosofia: a etapa que está acontecendo durante meu trabalho de escrita-pensamento filosófico. Vou recapitular – sem perder de vista o laço entre a verdade e a felicidade – as etapas anteriores de meu trabalho, entre *Théorie du sujet* [Teoria do sujeito] (1982) e *Logiques des mondes* [Lógicas dos mundos] (2006), passando pelo *O ser e o evento* (1988) e, logo, o posicionamento das categorias fundamentais que são o ser-múltiplo, o evento, as verdades e o sujeito. Vou indicar, em seguida, os problemas não resolvidos, singularmente ligados à questão do "sujeito de verdade" tomado pela imanência de seu ato e, logo, naquilo que constitui, de certa forma "do interior", sua felicidade singular. Sem disfarçar a extrema dificuldade daquilo que será o âmago do novo livro, cujo título será *L'immanence des vérités* [A imanência das verdades], vou anunciar a pista que será seguida e que é, essencialmente, a de uma nova dialética entre o finito e o infinito. A felicidade pode ser definida nele como *a experiência afirmativa de uma interrupção da finitude*.

Trata-se, neste breve e pequeno livro, de abrir o caminho para que o estrategista em filosofia possa dizer a cada um: "Eis o que vai convencê-lo de que pensar contra as opiniões e a serviço de algumas verdades, bem ao contrário de ser o exercício ingrato e vão que você imagina, é o caminho mais curto para a verdadeira vida, que, quando existe, é assinalada por uma incomparável felicidade".

I. Filosofia e desejo de filosofia

Como muitos leitores sabem, Rimbaud utiliza a estranha expressão "as revoltas lógicas", que se tornou, no passado, título da bela revista que Rancière[1] e seus amigos fundaram. A filosofia é algo como uma revolta lógica. Ela é a combinação de um desejo de revolução – a felicidade real exige que se levante contra o mundo tal como ele é e contra a ditadura das opiniões estabelecidas – e de uma exigência de racionalidade – sozinha, a pulsão revoltada não pode atingir os objetivos que ela atribui a si.

O desejo filosófico é na verdade, de modo extremamente geral, o desejo de uma revolução, ao mesmo tempo coletiva e pessoal, no pensamento e na felicidade real, tendo em vista que esta deve ser distinguida da felicidade aparente que é a satisfação. A verdadeira filosofia não é

---

[1] Jacques Rancière (1940-), filósofo francês. (N. T.)

um exercício abstrato. Desde sempre, desde Platão, ela erige-se contra a injustiça do mundo. Ela erige-se contra o estado miserável do mundo e da vida humana. Mas ela faz tudo isso em um movimento que sempre protege os direitos da argumentação e que, finalmente, propõe uma nova lógica no mesmo movimento pelo qual ela livra a felicidade real da aparente.

Já Mallarmé nos propõe este aforismo: "Todo pensamento provoca um lançar de dados". Tenho a impressão de que essa fórmula enigmática designa igualmente a filosofia. O desejo fundamental da filosofia é o de pensar e o de realizar o universal, entre outras coisas, porque uma felicidade que não seja universal, que exclua que ela possa ser compartilhada por qualquer outro animal humano capaz de se tornar o sujeito dela, não é uma felicidade real. Mas esse desejo não é o resultado de uma necessidade. Ele existe em um movimento que sempre é uma aposta, um engajamento arriscado. Nesse engajamento do pensamento, a parte do acaso permanece indelével.

Assim, tiramos da poesia a ideia de que existem quatro dimensões fundamentais do desejo que caracteriza a filosofia, singularmente enquanto orientada em direção da universalidade da felicidade: a dimensão da revolta, a da lógica, a da universalidade e a do risco.

Essa não seria a fórmula geral de um desejo de revolução? O revolucionário deseja que o povo se revolte; que ele faça isso de modo eficaz e racional, e não na barbárie ou na fúria; que sua revolta tenha um valor internacional, universal, e não se encontre limitada a uma identidade nacional, racial ou religiosa; enfim, o revolucionário assume o risco, o acaso, a circunstância favorável, que frequentemente só acontece uma vez. Revolta, lógica, universalidade, risco: esses são os componentes do desejo de revolução, do desejo de filosofia.

Mas acho que o mundo contemporâneo, o nosso mundo, às vezes chamado de mundo "ocidental", exerce uma grande pressão negativa sobre as quatro dimensões de tal desejo.

Em primeiro lugar, nosso mundo é, em parte, impróprio ou nada propício à revolta, não que ela não exista nele, mas porque o que o mundo ensina ou pretende ensinar é que ele já é, em sua forma final, livre, ou um mundo cuja liberdade é o valor organizador, ou ainda um mundo tal que não haja a necessidade de querer ou esperar um mundo melhor (em um sentido radical). Logo, esse mundo declara que ele atingiu, com imperfeições (que nos esforçaremos para corrigir), o limite de sua libertação interna, íntima. E que, em resumo, no que diz respeito à felicidade, ele é aquele em que podemos obter as melhores propostas e as melhores garantias. No entanto, como simultaneamente esse mundo padroniza e comercializa a importância dessa liberdade, a liberdade que ele propõe é uma liberdade cativa daquilo a que ela é destinada na rede da circulação das mercadorias. De maneira que no fundo ele não é apropriado nem para a ideia da revolta para ser livre (tema antigo, da Antiguidade, da própria significação de qualquer revolta), visto que de certo modo a liberdade é proposta pelo próprio mundo, tampouco para o que se poderia chamar de uso livre dessa liberdade, visto que a liberdade é codificada ou pré-codificada no infinito brilho da produção mercantil e no que institui, a partir dela, a abstração monetária.

Eis por que esse mundo tem, em relação às revoltas ou à possibilidade da revolta, uma disposição que se poderia chamar de disposição insidiosamente opressiva. Então, sua proposta em relação à felicidade já é suspeita de corrupção latente.

Em segundo lugar, esse mundo é impróprio para a lógica, e isso, principalmente, por estar submetido à dimensão ilógica da comunicação. A comunicação e sua organização material transmitem imagens, enunciados, palavras e comentários cujo princípio assumido é a incoerência. A comunicação, da mesma forma como ela estabelece o reino de sua circulação, desfaz dia após dia todo laço e todo princípio, em uma espécie de justaposição que ela não pode assumir e que está desligada de todos os elementos que carrega. Pode-se dizer também que a comunicação nos propõe de modo instantâneo um espetáculo sem memória e que, desse ponto de vista, o que ela desfaz mais essencialmente é uma lógica do tempo.

Eis por que asseguramos que nosso mundo é um mundo que exerce uma grande pressão sobre o pensamento em seu princípio de consistência e que, de certa maneira, propõe, sobretudo, uma espécie de dispersão imaginária ao pensamento. Mas podemos mostrar – faremos isso, mas na verdade todo mundo já sabe – que uma felicidade real é da ordem da concentração, da intensificação, e não pode tolerar o que Mallarmé chamava de "esses lugares do vago onde toda realidade se dissolve".

Em terceiro lugar, esse mundo é impróprio para o universal, e isso por duas razões correlativas. Primeiramente, a verdadeira forma material de sua universalidade é a abstração monetária ou o equivalente geral. No dinheiro reside o único sinal efetivo de tudo o que circula e se troca universalmente. Em seguida, porque, como se sabe, esse mundo é ao mesmo tempo um mundo especializado e fragmentário, organizado na lógica geral das especializações produtivas e em uma enciclopédia de saberes, de modo que apenas um minúsculo fragmento dele pode ser compreendido e dominado. Simultaneamente nos propondo uma forma abstrata e monetária do universal e enterrando debaixo dessa forma uma realidade especializada e fragmentária, esse mundo exerce uma grande pressão sobre o próprio tema do universal, no sentido em que a filosofia o entende. Diremos então que sua "felicidade" está reservada para grupos definidos e para indivíduos concorrenciais que não deixarão de defendê-lo como um privilégio herdado contra a massa daqueles que não são beneficiados por ela de modo algum.

E, finalmente, esse mundo é impróprio para apostas, para a decisão casual, porque é um mundo em que mais ninguém tem os meios de entregar sua existência ao acaso. O mundo, como ele é, é um mundo em que reina a necessidade de um cálculo da segurança. Nada é mais evidente em relação a isso do que o fato de o ensino, por exemplo, ser organizado de forma que se torne cada vez maior a necessidade de conformar-se ao cálculo da segurança profissional e de seu ajuste às disposições do mercado do emprego. E que assim, de certo modo, seja ensinado bem cedo que a figura da decisão casual deve ser revogada e condicionada em benefício de um cálculo cada vez mais prematuro de uma segurança que no real, além de tudo, mostra-se incerta. Nosso mundo entrega a vida ao cálculo minucioso e obrigatório dessa segurança duvidosa e ordena as sequências sucessivas da existência segundo esse cálculo. Mas quem não sabe que a felicidade é incalculável?

Eu diria então que o desejo filosófico de uma revolução da existência, se o considerarmos como o nó da revolta, da lógica, da universalidade e da aposta, encontra no mundo contemporâneo quatro obstáculos principais, quatro pressões obrigatórias, que são o reino da mercadoria, o reino da comunicação, a universalidade monetária e a especialização produtiva e técnica, tudo isso ligado subjetivamente pelo cálculo da segurança pessoal. Esses obstáculos visam reduzir a inelutável ideia da verdadeira vida à aparência de uma satisfação consumista.

Como a filosofia enfrenta esse desafio? Será que ela consegue enfrentá-lo? Será que ela é capaz disso?

Para esboçar uma resposta, vamos simplificar radicalmente a situação filosófica mundial. Vamos distinguir então três correntes principais.

Em primeiro lugar, existe a corrente fenomenológica e hermenêutica, que remonta ao romantismo alemão e cujos principais nomes contemporâneos, no sentido amplo, são Heidegger[2] e Gadamer[3]. Em segundo lugar, existe a corrente analítica, que tem como origem o círculo de Viena com Wittgenstein[4] e Carnap[5], e que domina hoje toda a filosofia universitária inglesa e norte-americana. E, em terceiro lugar, existe a corrente pós-moderna inspirada nas outras duas e que foi, sem dúvida, mais ativa na França, se incluirmos nela Jacques Derrida[6] ou Jean-François Lyotard[7]. Obviamente, no âmago dessas três orientações fundamentais, existem inúmeras misturas, intersecções, nós e partes comuns, mas acredito que elas têm o mérito de desenhar uma espécie de cartografia aceitável do estado das coisas. O que vai nos interessar aqui é como cada corrente designa ou identifica o desejo de filosofia e seus efeitos criadores possíveis no mundo real, logo, qual é a definição, explícita ou latente, da verdadeira vida para cada corrente, cujo afeto é a felicidade real.

---

[2] Martin Heidegger (1889-1976), filósofo alemão. (N. T.)

[3] Hans-Georg Gadamer (1900-2002), filósofo alemão. (N. T.)

[4] Ludwig Josef Johann Wittgenstein (1889-1951), filósofo austríaco. (N. T.)

[5] Rudolf Carnap (1891-1970), filósofo alemão. (N. T.)

[6] Jacques Derrida (1930-2004), filósofo francês. (N. T.)

[7] Jean-François Lyotard (1924-1998), filósofo francês. (N. T.)

A corrente hermenêutica determina como objetivo para a filosofia decifrar o sentido da existência e do pensamento, e podemos dizer que seu conceito central é o da interpretação. Existem palavras, atos, configurações e destinos históricos cujo sentido é obscuro, latente, escondido, velado, irrevelado. Um método de interpretação vai buscar um esclarecimento dessa obscuridade e tentar fazer surgir um sentido primordial, que é uma figura de nosso destino em seu laço com o destino do próprio ser. Se o operador essencial é o da interpretação, evidentemente trata-se de desvendar ou de abrir um sentido inauguralmente não aparente. A oposição final mais importante da filosofia de filiação hermenêutica é a oposição entre o fechado e o aberto. O destino da filosofia é o de se manter na abertura no sentido latente e, por conseguinte, desobstruir ou desocupar o pensamento de seu aprisionamento no fechamento, na latência e no obscuro de seu sentido. *O desejo revolucionário, no pensamento, é o de um esclarecimento. E a felicidade real é uma figura subjetiva do Aberto.*

Já a corrente analítica determina como objetivo para a filosofia uma delimitação estrita entre os enunciados que têm sentido, ou que são providos com sentido, e os enunciados que não têm sentido, entre o que se tem o direito de dizer e o que é impossível ser dito, entre o que pode criar um consenso em torno de um sentido compartilhado e o que é incapaz disso. A interpretação não é aqui o instrumento capital, mas a análise gramatical e lógica dos próprios enunciados; aliás, é por essa razão que essa corrente inspirou-se amplamente na herança da lógica, inclusive em sua forma matemática. Trata-se de um estudo das leis e dos recursos da linguagem, sendo que o conceito central nesse caso é o da regra. Encontrar a regra que autoriza o acordo sobre o sentido é finalmente a importância essencial da atividade filosófica. E diremos que a mais importante oposição não é, desta vez, entre o fechado e o aberto, mas entre o regulado e o desregulado, entre o que é conforme a uma lei reconhecida e o que, subtraído a toda lei não identificável segundo uma regra, é necessariamente ilusão e discordância. O objetivo da filosofia, sob essa ótica, é terapêutico e crítico. Trata-se de desfazer as ilusões que nos dividem, os absurdos que criam a divisão e a oposição. *O desejo revolucionário, no pensamento, é o de um compartilhamento democrático do sentido. E a felicidade real é o afeto da democracia.*

Enfim, a corrente pós-moderna determina como objetivo para a filosofia desconstruir as evidências recebidas de nossa modernidade. Não se trata dessa vez de fazer eclodir um sentido latente, tampouco delimitar o sentido do absurdo. Trata-se de mostrar que a própria questão do sentido deve ser apresentada de outra maneira e, para isso, desconstruir sua figura anterior, dissolver as grandes construções que foram, particularmente no século XIX e antes, a ideia do sujeito histórico, a ideia de progresso, a ideia de revolução, a ideia de humanidade, mostrar que existe uma irredutível pluralidade de registros e de linguagens no pensamento como na ação, pluralidade que não se deixa absorver ou unificar em uma problemática totalizante do sentido. Centralmente, o objetivo do pensamento pós-moderno é o de desconstruir a ideia da totalidade: assim, a própria filosofia encontra-se questionada, desestabilizada, de maneira que a corrente pós-moderna vai, sobretudo, ativar o que podemos chamar de práticas mistas ou impuras. Ela vai situar o pensamento nos limites ou nas margens, nos incisos. E, sobretudo, a corrente pós-moderna vai instalar a herança do pensamento filosófico em um jogo que o liga ao destino da arte. *O desejo revolucionário é finalmente o de inventar novas formas de vida. E a felicidade real não é nada mais que o gozo dessas formas.*

Então, o que nos interessa agora é perguntar se existem traços comuns nessas três orientações dominantes. Perguntar-nos se, da maneira como elas enfrentam o desafio que o mundo opõe ao desejo de filosofia, elas tomam, em tal ou tal ponto, caminhos paralelos ou comparáveis.

Em primeiro lugar, existe um traço negativo muito importante. Essas três correntes enunciam o fim da metafísica e, logo, de certa maneira, o fim da própria filosofia, pelo menos em seu sentido clássico ou, como diria Heidegger, no seu sentido destinado. Para Heidegger, existe um encerramento da história da metafísica. A filosofia encontra-se incapaz de seguir adiante no elemento da metafísica. E esse encerramento também é o encerramento de toda uma época da história do ser e do pensamento. Pode-se também dizer que o ideal da verdade, que organizava a filosofia clássica sob a definição tradicional de "busca da verdade", é substituído pela ideia de uma pluralidade do sentido. Estou profundamente convencido de que a situação atual da filosofia organiza-se em torno da oposição decisiva entre verdade, categoria central da filosofia clássica (ou, por assim dizer, da metafísica), e a questão do sentido, que é teoricamente a questão que surge na modernidade no lugar onde a questão clássica da verdade está encerrada.

Para a corrente hermenêutica, a verdade é uma categoria da metafísica que deve ser encaminhada na direção de um sentido destinado do ser. O mundo é composto de um entrelaçamento de interpretações que nenhum ente transcendente pode ultrapassar. O futuro reino do aberto liberta-nos da univocidade abstrata que a ideia verdadeira representava.

Para a corrente analítica, é claro que se deve abandonar o grande objetivo de uma "busca da verdade". O único ponto de partida é a configuração dos enunciados. O próprio sentido é relativo à gramática de referência. Quando se quer distinguir o sentido do absurdo, sempre é preciso se referir ao universo de regras no qual se opera. Por conseguinte, existem vários sentidos ou vários regimes do sentido, que são incomparáveis, e é bem precisamente o que Wittgenstein chamou de jogos de linguagem. A pluralidade dos jogos de linguagem opõe-se expressamente à ideia de uma recolecção transparente sob o signo da verdade.

Enfim, a corrente pós-moderna desconstrói o tradicional apoio das verdades ou o porquê da existência da verdade que a filosofia tradicionalmente chama de sujeito. Pode-se dizer que propor-se à desconstrução da categoria de sujeito enquanto produto da metafísica é um eixo essencial da corrente pós-moderna. Então, não existe sujeito para quem ou para que, ou a partir de quem ou de que, mas existiria a verdade. Existem apenas ocorrências, casos e surgimentos diferentes, e existem gêneros de discurso que são, eles mesmos, heterogêneos para acolher esses casos diferentes.

Finalmente, a hermenêutica, a analítica e a pós-modernidade organizam uma tripla oposição entre o sentido aberto e plural, símbolo da modernidade, e a ideia de verdade unívoca, considerada metafísica e arcaica, até mesmo "totalitária". Eis então o que se pode dizer sobre o traço comum negativo.

Agora, positivamente, existe um traço comum muito marcante: a importância central da linguagem. É verdadeiramente através e na disposição dessas três correntes que aconteceu o que pudemos chamar de grande virada linguística da filosofia ocidental. Lugar central da linguagem que, mais uma vez, vai ser organizado e disposto de maneira diferenciada nas três correntes, mas que talvez seja seu traço comum mais aparente. Para a corrente hermenêutica, evidentemente, a interpretação, a atividade interpretante, opera principalmente a partir de atos de palavra, atos de significação, e a linguagem é, no último caso, o próprio lugar onde a questão do aberto está em jogo. É aí, e não em qualquer outro lugar, é no "encaminhamento em direção da palavra" – "palavra" devendo ser compreendida no regime da interpretação – que se realiza nossa disposição ao pensamento. Para a corrente analítica, a matéria-prima são os enunciados, e, afinal, a filosofia é uma espécie de gramática generalizada sob o signo da força da regra; o que existe são frases, fragmentos ou gêneros de discursos. Enfim, a desconstrução pós-moderna é uma ação linguística e escritural dirigida contra a estabilidade das abstrações metafísicas. As três correntes colocam, então, a questão da linguagem no centro absoluto da filosofia como tal, e, tratando-se da interpretação, da regra ou da desconstrução segundo a oposição entre palavra e escrita, temos finalmente uma assunção da linguagem como o que se poderia chamar de o grande transcendental histórico de nosso tempo. Por conseguinte, diremos, simplificando, que a filosofia contemporânea em suas principais tendências defende dois axiomas, que tal é sua lógica constitutiva:

- primeiro axioma: a metafísica da verdade tornou-se impossível;
- segundo axioma: a linguagem é o lugar crucial do pensamento porque é nela que a questão do sentido está em jogo.

Esses dois axiomas organizam a seu modo a oposição que é a passagem essencial da questão filosófica hoje, ou seja, a relação entre sentido e verdade.

Para voltar à minha própria posição, eu diria que existe nesses dois axiomas – impossibilidade da metafísica da verdade e caráter constituinte da questão da linguagem – um grande perigo, o da incapacidade da filosofia para sustentar a partir desses axiomas seu próprio desejo diante da pressão que o mundo contemporâneo exerce sobre esse desejo. O perigo, em suma, de perder toda virtude revolucionária e, por essa mesma razão, de abandonar o motivo da verdadeira vida e, logo, da felicidade, beneficiando apenas a doutrina, individualista e identitária, da satisfação.

Se a filosofia for centralmente uma meditação da linguagem, se ela se instalar na pluralidade dos jogos de linguagem e de suas codificações gramaticais, ela não conseguirá ultrapassar o obstáculo que o mundo opõe à universalidade, ao mesmo tempo, por sua especialização, por sua fragmentação e por sua abstração. Porque existem tantas linguagens quanto comunidades e atividades. Os jogos de linguagem são, na verdade, a regra do mundo, e sabemos a que ponto a circulação entre esses jogos é difícil. Mas o fato de os jogos de linguagem serem a lei de nosso mundo proíbe precisamente – desde que a filosofia proponha, contra a lei do mundo, uma revolução no pensamento – que esses jogos sejam o local de formação do imperativo filosófico. Ou, então, e isso pode ser ainda pior, se ela aceitar instalar-se no primado da linguagem, a filosofia deverá designar uma linguagem como a única coisa que poderá salvá-la. Sabe-se que Heidegger se engajou, por um lado, nessa via quando enunciou o privilégio da língua alemã como tal, em sua capacidade de abrigar o aberto e pelo fato de ser a língua que, nesse ponto de vista, assumia o lugar da língua grega. Mas instalar-se na pluralidade dos jogos de linguagem e de suas regras, ou enunciar o privilégio radical de uma língua singular como o local onde jaz a autenticidade do sentido, não proporciona a aceitação do desafio que o mundo contemporâneo opõe à vocação da filosofia ao universal.

Desde Platão, em *Crátilo*, foi enunciado que a filosofia estava encarregada de partir não das palavras, mas, na medida do possível, das próprias coisas. Acho que esse imperativo é, na verdade, um imperativo transtemporal da filosofia e que toda a questão é justamente a de saber como podemos partir não da linguagem, mas das próprias coisas. A filosofia analítica privilegiou, de maneira unilateral, as linguagens de tipo científico, ou seja, as que eram mais imediatamente apropriáveis às regras lógicas. E ela fez dessas linguagens os paradigmas da delimitação do sentido porque, como se sabe, nas linguagens científicas a regra é explícita, enquanto na maior parte das outras linguagens ela permanece implícita. Mas, ainda nesse caso, o privilégio unilateral e paradigmático das linguagens em que a regra é explícita não pode nos permitir sustentar o desafio oposto à universalidade, pela razão de que nada nos indica a *priori* que a universalidade anda, necessariamente, de mãos dadas com o caráter explícito das regras. Isso deveria ser provado por si mesmo, e não pela regra válida em relação à questão da delimitação do sentido.

Aliás, se a categoria da verdade for abandonada ou tornar-se inoperante, a filosofia não poderá enfrentar o desafio de uma existência escravizada à circulação mercantil ou ao ilogismo da comunicação. Porque – estou profundamente convencido de que aqui encontramos um ponto difícil – ao infinito brilho da circulação mercantil, a essa espécie de pluralidade flexível a que o desejo encontra-se algemado, devemos opor apenas o ponto de parada de uma exigência que seria incondicional. Tudo o que neste mundo estiver condicionado a algo é regido pela lei da circulação dos objetos, das moedas e das imagens. E interromper esse princípio de circulação – em minha opinião, uma exigência radical da filosofia contemporânea e a condição essencial para um caminho em direção à felicidade real – só é possível a partir do momento em que nos encontrarmos em um estado de enunciar ou de assumir a existência de um ponto de parada incondicional, ou seja, uma Ideia estratégica absolutamente antagônica a essa circulação e à subjetividade ao mesmo tempo egoísta e ignorante. Essa Ideia estratégica chama-se, desde há dois séculos, Ideia comunista, e mal começamos a perceber sua importância, apesar de as experiências épico-trágicas que a encarnaram durante um tempo – algumas décadas do século XX – terem sido curtas demais para que se possa retirar qualquer sentença possível delas. Ao menos para quem não tenha pressa em se tornar, ou se tornar novamente, um propagandista da ordem mercantil.

Mas em um nível mais abstrato ou menos imediatamente político, acho que à inconsistência midiática ou comunicante das imagens e dos comentários pode-se apenas opor à tese segundo a qual existem, ao menos, algumas verdades, e que a busca paciente dessas verdades, sob a superfície brilhante daquilo que é dado e que circula, é o imperativo ao qual a filosofia deve se submeter se ela mesma não quiser ser engajada e desmembrada na inconsistência da comunicação.

Enfim, farei a seguinte pergunta: que sentido teria apostar a existência, subtraí-la ao imperativo de um cálculo da segurança pessoal, lançar os dados contra as rotinas, expor-se a qualquer acaso, se não fosse no minúsculo nome de um ponto fixo, de uma verdade, de uma Ideia ou de um valor que nos é prescrito por esse risco? E, sem esse ponto de apoio, como imaginar a forma genérica da felicidade de um Sujeito, seja ela qual for? Confrontado à aposta e à ocorrência do acaso por onde a existência engaja-se em sua própria novidade, é então preciso e inelutável ter um ponto fixo para se ter um abrigo e um apoio. Para que as quatro dimensões do desejo de filosofia (revolta, lógica, universalidade e aposta) contra os quatro obstáculos que o mundo contemporâneo lhes opõe (a mercadoria, a comunicação, a abstração monetária e a obsessão securitária) sejam mantidas, é primordial, então, ultrapassarmos as três orientações filosóficas dominantes: a analítica, a hermenêutica e a pós-moderna. Na verdade, existe nessas três opções algo apropriado demais ao mundo como ele é, algo que reflete exageradamente a fisionomia do próprio mundo. E, engajada em suas opções, organizada por elas, a filosofia aguentará, aceitará a lei deste mundo, sem perceber que no final essa lei exige o desaparecimento de seu desejo.

Então, minha proposta é romper esses quadros de pensamento, reencontrar ou constituir em configurações renovadas um estilo, ou uma via filosófica, que não seja nem a da interpretação, nem a da análise gramatical, nem a dos limites, dos equívocos e da desconstrução. Trata-se de reencontrar um estilo filosófico fundador, decidido, na escola daquilo que foi o estilo filosófico e clássico fundador de um Descartes, por exemplo. Obviamente, tampouco é o caso de dar nessa introdução a mínima informação daquilo que poderia ser o desenvolvimento de uma filosofia que apoiaria o desafio do mundo preservando a radicalidade de seu próprio desejo. Para isso é preciso ler meus grandes tratados filosóficos: *O ser e o evento* e *Logiques des mondes*, ou, em todos os casos, seus resumos, *Manifeste pour la philosophie* e *Seconde manifeste pour la philosophie*. Mas eu gostaria mesmo de indicar duas orientações, ou dois temas.

Em primeiro lugar, diremos que a linguagem não é o horizonte absoluto do pensamento. É verdade que a linguagem, a língua ou uma língua, sempre é o corpo histórico de uma filosofia. Existe uma figura singular de encarnação, uma tonalidade, uma cor, que reflete o horizonte da língua. Mas diremos que a organização em pensamento da filosofia não é imediatamente tributária da regra linguística na qual ela opera. E, em relação a isso, restauraremos a ideia de que a filosofia é universalmente transmissível. A ideia da transmissibilidade universal foi chamada por Jacques Lacan de ideia do matema. Vamos apropriá-la ao que é dito aqui. Conservando-se o ideal da transmissão universal, enunciaremos que o ideal da filosofia deva ser, na verdade, o matema. O matema dirige-se a todos, é universalmente transmissível, atravessa as comunidades linguísticas e o heterogêneo dos jogos de linguagem, sem privilegiar nenhum, admitindo a pluralidade de seus exercícios, mas sem que ele mesmo percorra essa multiplicidade ou se estabeleça nessa multiplicidade. Ele também não se alinhará ao ideal formal da linguagem científica; ele construirá sua própria figura de universalidade em seu próprio elemento.

Em segundo lugar, diremos que o papel próprio, irredutível e singular da filosofia seja estabelecer no discurso um ponto fixo, mais exatamente encontrar ou propor um nome ou uma categoria para tal ponto fixo. Em minha disposição filosófica, retomei a antiga palavra "verdade", mas pouco importa a palavra, o que conta é a capacidade de uma proposição filosófica qualquer estabelecer um incondicionado nessa ordem. Nosso mundo é marcado pela velocidade e pela incoerência. A filosofia deve ser o que nos permite dizer – o momento possível de se dizer sempre aparece –, por uma espécie de interrupção ou de cesura dessa velocidade ou dessa incoerência, que isso é bom e aquilo não. O estabelecimento de um ponto de onde se possa falar assim, tal é a importância, mais necessária do que nunca, da filosofia. É preciso então, a meu ver, reconstruir filosoficamente, sem restauração e sem arcaísmos, à prova da probabilidade moderna de eventos, a categoria de verdade e, pela via da consequência, a do sujeito. Será preciso fazer isso de maneira que não se trate de uma restauração da metafísica, mas de uma redefinição ou de um novo desenvolvimento da própria filosofia em um elemento categórico que autoriza o pensamento de um ponto fixo.

Uma tarefa muito importante é que, sob essas condições, a filosofia deve ter por vocação diminuir a velocidade do pensamento, estabelecer seu próprio tempo. Em suas tendências contemporâneas, a filosofia esgota-se ao seguir o ritmo do mundo. Ela é cativa do tempo moderno, que é um tempo simultaneamente fatiado, segmentado e rápido. A vocação da filosofia, contanto que seja capaz, é estabelecer um tempo em que se ofereça o tempo, ou seja, um pensamento em que se ofereça o tempo da vagareza da investigação e do arquitetônico. Essa construção de um tempo próprio é, a meu ver, o princípio diretor do estilo que se pode exigir da filosofia hoje. Ainda aqui, a experiência mais ordinária vem a nosso socorro: ser dono de seu tempo não é, desde sempre, uma condição da felicidade? Não foi isso que os poderosos sempre recusaram à massa dos dominados? O assalariado, que o comunismo propõe extinguir da humanidade, não teria sempre sido representado como uma condição infeliz daquilo que justamente era a imposição violenta de um tempo heterogêneo? As revoltas operárias não teriam questionado regularmente o cartão e o relógio de ponto, o fiscal, as cadências? Toda felicidade real supõe uma liberação do tempo.

Em inúmeras correntes contemporâneas, especialmente na corrente hermenêutica e muito mais na corrente pós-moderna, existe uma promoção ou um elogio da disposição fragmentar do discurso filosófico. Essa promoção enraíza-se, em particular, em um modelo nietzschiano. Acho que, por razões de circunstâncias ou de oportunidade, pura e simplesmente porque o mundo nos impõe, é preciso restituir à filosofia um princípio de continuidade. Porque o fragmento é, no fundo, uma modalidade pela qual o discurso filosófico submete-se cegamente à fragmentação do próprio mundo e pela qual, de certa maneira, ele deixa, por meio de sua segmentação fragmentária, a abstração monetária e mercantil representar o único princípio de continuidade. Então, é indispensável que a filosofia desenvolva sua própria vagareza intrínseca e restaure a continuidade do pensamento, ou seja, ao mesmo tempo o princípio de decisão que a funda e o tempo racional que a une.

Perguntemo-nos agora se sob essas mesmas condições existe uma chance de ver a filosofia, evidentemente em perigo, conseguir enfrentar o desafio de qual falamos no início, manter seu desejo. A filosofia está doente, disso não se duvida, e os golpes que ela recebe são, como sempre, correlativos de dificuldades internas. Parece-me — e essas serão as razões de otimismo em que eu posso avançar – que o mundo contemporâneo – o mundo, ao menos uma parte desse mundo –, ao mesmo tempo que exerce uma pressão indistinta para destruir seu desejo, pede para esse doente, que em certo sentido não para de enunciar, ele mesmo, que está ainda mais doente do que se diz, para esse doente que anuncia sua morte próxima e até mesmo que sua morte já ocorreu, que ele, paradoxalmente, viva. Como sempre, a significação do mundo é equívoca. Por um lado, o sistema geral da circulação, da comunicação e da segurança é orientado em direção ao enfraquecimento do desejo de filosofia. Entretanto, paradoxalmente, ele cria e organiza de modo contraditório, no interior de si mesmo, um pedido dirigido vagamente e sem esperança à possibilidade da filosofia. Por que isso?

Em primeiro lugar, existe a convicção crescente, crescente em todos os casos para aqueles que tentam permanecer na autonomia de seu próprio pensamento, de que as ciências humanas não estão, ou não estarão, em condições de substituir a filosofia, tanto em sua disposição disciplinar quanto na natureza singular de seu desejo. Houve um tempo em que uma ideia disseminada, uma das figuras do tema do fim da filosofia, foi a de que uma espécie de antropologia geral, normatizada pelo ideal da ciência, subsumindo a sociologia, a economia, a ciência política, a linguística, a psicologia "científica" e até mesmo a psicanálise, poderia substituir a filosofia: mais uma maneira de dizer que tínhamos chegado ao fim da filosofia. Em minha opinião, o que parece agora é que as ciências humanas se desenvolvem como local das médias estatísticas, das configurações gerais, e que elas não permitem verdadeiramente tratar ou abordar em pensamento o singular, a singularidade. Porque, se refletirmos bem, o âmago da decisão sempre se encontra na singularidade, e toda decisão, como decisão final, como decisão verdadeira, é singular. Não existe propriamente falando uma decisão geral, visto que o que engaja uma verdade, ou o que engaja a uma verdade, ou o que se apoia em um ponto fixo, é da ordem da decisão e sempre é também da ordem da singularidade. Então, diremos que se questiona hoje a possibilidade de formular uma filosofia da singularidade que seja, por essa mesma razão, capaz de ser também uma filosofia da decisão e da aposta.

Em segundo lugar, cada um, na verdade, conscientizou-se da ruína dos grandes sujeitos coletivos, ruína, mais uma vez, em pensamento. Não se trata tanto da questão de saber se esses sujeitos existiram, existem ou existirão, trata-se do fato de que as grandes categorias que permitiam apreender o sujeito coletivo parecem estar hoje saturadas e incapazes de animar verdadeiramente o pensamento, seja o das figuras do tipo progresso histórico da humanidade, seja o dos grandes sujeitos de classe – como o proletariado –, concebidos como realidades objetivas. Isso convoca cada um ao que eu chamaria de necessidade de decidir e de falar em seu próprio nome, mesmo e sobretudo quando se tratar de responder ao que o surgimento de uma verdade nova exige de cada um. Mas, evidentemente, a necessidade de decidir e de falar em seu próprio nome, mesmo e sobretudo quando a questão for política, exige para essa decisão um ponto fixo, um princípio incondicional, uma Ideia compartilhável que sustente e universalize a decisão primitiva. É preciso que cada um, em seu próprio nome, mas aberto ao compartilhamento organizado com outros de sua palavra, possa pronunciar que isso seja verdade, que aquilo seja falso ou que isso seja bom e que aquilo seja ruim. Então, se uma filosofia da singularidade nos é necessária, também nos é necessária, nesse sentido, uma filosofia da verdade.

Em terceiro lugar, somos contemporâneos de uma expansão de paixões comunitárias, religiosas, racistas e nacionalistas. Essa expansão é evidentemente o avesso da destruição das grandes configurações racionais do sujeito coletivo. O enfraquecimento e o desabamento dessas grandes configurações, a ausência provisória mas dolorosa da Ideia comunista fizeram que uma espécie de lodo obscuro voltasse à superfície, o que cria a ilusão da existência de todas as opções possíveis para evitar precisamente a obrigação de se pronunciar ou decidir em seu próprio nome, e tenta entregar, segundo os protocolos de delimitação, exclusão e antagonismos, a sujeitos arcaicos cujo retorno se torna cada vez mais ameaçador. Em relação a isso, é com total certeza que se pede à filosofia a criação de uma figura racional no ponto fixo ou no incondicionado em que ela deve se apoiar e mostrar que não é por existir uma defecção das configurações racionais anteriores do destino histórico coletivo que se deva abandonar a virtude da consistência racional do pensamento. Então, também se pergunta à filosofia como anda sua capacidade de proposição de uma figura renovada, uma figura fundadora da racionalidade que seja homogênea no mundo contemporâneo.

E, enfim, uma última coisa, cada um tem a surda consciência de que esse mundo, tal como conhecemos, é um mundo extraordinariamente precário. Aliás, existe um paradoxo, porque ele se apresenta, em certo sentido, como o melhor dos mundos possíveis, deixando claro que qualquer outro mundo, como foi experimentado sob o paradigma da revolução ou da emancipação, mostrou-se ao mesmo tempo criminoso e devastador. Mas, ao mesmo tempo, esse mundo que se mostra como o melhor dos mundos possíveis é um mundo que se sabe extraordinariamente vulnerável. É um mundo que está exposto. Não é de maneira nenhuma um mundo estabelecido na estabilidade durável de seu ser. É um mundo que pouco se autoconhece e que se entrega a leis abstratas demais para não ser exposto à catástrofe de eventos que ele não saberia receber ou acolher. Falando nisso, a guerra devasta países inteiros, sem interrupção há cinquenta anos, e ela se encontra cada vez mais à espreita nas imediações do egoísmo "ocidental".

Em vista dessa vulnerabilidade perigosa do mundo, que o faz propor o tempo todo, além de sua lei geral de circulação e de comunicação, espécies de estranhezas inomináveis, espécies de monstruosidades dispersas, em vista desse mundo que, finalmente, em uma espécie muito evidente de cegueira em relação a si mesmo, pode muito bem cair, de uma hora para outra, aqui ou ali, ou finalmente por todos os lados, na violência, na guerra ou na opressão, acho que se pede que a filosofia seja capaz de acolher ou de pensar o próprio evento, não tanto a estrutura do mundo, o princípio de suas leis ou o princípio de sua firmeza, mas como o evento, a surpresa, a requisição e a precariedade podem ser pensáveis em uma configuração que permanece racional.

Eis por que, e ao preço de certa ruptura, ao mesmo tempo com a hermenêutica, o analítico e o pós-moderno, acho que o que é pedido à filosofia, do interior da precariedade infinita desse mundo, é apostar em uma filosofia decidida, fundadora, que seja ao mesmo tempo uma filosofia da singularidade, uma filosofia da verdade, uma filosofia racional e uma filosofia do evento. Então, o que lhe é pedido é propor, como abrigo ou envelope do desejo de filosofia, o que se poderia chamar de um nó racional da singularidade, do evento e da verdade. Esse nó deve inventar uma nova figura da racionalidade porque cada um sabe que unir singularidade e evento à verdade é, na tradição clássica, como tal, um paradoxo. É precisamente desse paradoxo que deve centralmente tratar a filosofia contemporânea se ela quiser fazer parte da proteção de seu próprio desejo e dizer de novo de modo construtivo e generalizado a toda humanidade o famoso aforismo de Saint-Just[8], "a felicidade é uma ideia nova na Europa".

Já eu, o que tentei mostrar foi que esse nó racional da singularidade, do evento e da verdade constitui por si mesmo uma nova doutrina possível do sujeito. Contra a ideia de que o sujeito copertence à metafísica e deve ser, constituído dessa maneira, desconstruído, enuncio que, desde que o sujeito seja concebido precisamente como o diferencial final em que se ligam racionalmente singularidade, evento e verdade, pode-se e deve-se propor ao pensamento e ao mundo uma nova figura do sujeito, cuja máxima seria, no fundo, a seguinte: um sujeito é singular porque sempre é um evento que o constitui em uma verdade. Ou, ainda, um sujeito é ao mesmo tempo um local de racionalidade possível e o que se poderia chamar de ponto de verdade do evento. E, finalmente, a felicidade existe apenas para um sujeito, para o indivíduo que aceita se tornar sujeito.

---

[8] Louis Antoine Léon de Saint-Just (1767-1794), político francês durante a Revolução Francesa. (N. T.)

Essas teses, de certa maneira, são apenas a diagonal formal do empreendimento filosófico do qual tento fornecer o que se espera, ou seu programa.

Se olharmos as coisas do pensamento e do mundo a partir de uma filosofia assim constituída, filosofia que enuncia que a singularidade do sujeito reside no fato de que é um evento que o constitui em uma verdade, pode-se dizer que, em certo sentido, a metafísica realmente está arruinada ou acabada, mas não que todas as categorias da metafísica sejam obsoletas. Então, diremos também, sempre partindo de tal filosofia, que é verdade que a metafísica está arruinada, mas que a própria desconstrução da metafísica também está arruinada e que o mundo precisa de uma proposta filosófica fundadora, que se estabeleça sobre as ruínas misturadas e conjuntas da metafísica e da figura dominante da crítica da metafísica.

Por todas essas razões, acho que o mundo contemporâneo precisa mais de filosofia do que a própria filosofia acredita. Tudo isso não é surpreendente se fizermos o diagnóstico de que as correntes dominantes da filosofia contemporânea são apropriadas demais à lei do mundo. E que, estando apropriadas demais à lei do mundo, elas falharam ao nos dizer aquilo que pode ser a verdadeira vida. Tão bem que, no final das contas, o que esse mundo realmente pede à filosofia não é, para essas correntes, aparente. Para tornar isso aparente, é preciso uma interrupção na própria filosofia, ou seja, uma interrupção da proposta que ela tem sobre sua própria tarefa.

A máxima poderia ser: acabar com o fim. E acabar com o fim supõe que uma decisão seja tomada. Nenhum fim acaba por si mesmo, o fim não acaba, o fim é interminável. Para terminar com o fim, para terminar o fim, é preciso que uma decisão seja tomada, e estou tentando justamente lhe dar, ao mesmo tempo, os pontos de apoio e os elementos de validação naquilo que é pedido à filosofia pelo próprio mundo.

Não nego, de maneira nenhuma, que a filosofia esteja doente, talvez, até mesmo e apesar de tudo, em relação à amplitude do programa e à dificuldade que existe em sustentá-lo, até ela esteja agonizante. Mas o mundo lhe diz, o mundo diz a essa moribunda, sem a necessidade aqui de requerer um salvador ou um milagre – essa é pelo menos minha hipótese –, o mundo diz a essa moribunda: "Levante-se e ande!". Andar sob o imperativo de uma Ideia verdadeira destina-nos à felicidade.

II. Filosofia e antifilosofia diante da felicidade

Chamo de "antifilósofo" essa espécie particular de filósofo que opõe o drama de sua existência às construções conceituais, para quem a verdade existe em absoluto, mas deve ser encontrada, experimentada, mais do que pensada ou construída. É assim que se deve compreender Kierkegaard quando ele afirma que toda verdade encontra-se "em interioridade" ou, ainda, que "a própria subjetividade é o sinal distintivo da verdade". Mas atenção! O antifilósofo não é de maneira nenhuma um cético ou um relativista, um democrata de hoje, partidário da diversidade das culturas, das posições das opiniões que, como Deleuze[1] tinha me escrito antes de morrer, não "precisa" da ideia da verdade. Pelo contrário, o antifilósofo é o mais duro, o mais intolerante dos crentes. Veja Pascal, Rousseau, Nietzsche, Wittgenstein: personalidades im-

---
[1] Gilles Deleuze (1925-1995), filósofo francês. (N. T.)

periosas, implacáveis, engajadas contra os "filósofos" em uma luta impiedosa. Descartes, segundo Pascal? "Inútil e incerto." Voltaire, Diderot, Hume, segundo Rousseau? Corrompidos, fomentadores de complôs. O filósofo, segundo Nietzsche? O "pior dos criminosos", a ser fuzilado sem delongas. As concepções da metafísica racional segundo Wittgenstein? Absurdos puros e simples. E a majestosa construção hegeliana, segundo Kierkegaard? A ausência no mundo de um velhote: "O filósofo saiu, está fora do jogo, ele sentou e envelheceu ouvindo os cantos do passado e as harmonias da mediação".

Esse furor do pensamento, indexado em uma visão inflexível da vida pessoal, é servido por todos os grandes antifilósofos em um estilo que não poderíamos separar de suas visões. Não seria exagero dizer que eles são grandes escritores! Pascal e Rousseau revolucionaram a prosa francesa, Nietzsche tirou da língua alemã acentos incomuns. O *Tratactus* de Wittgenstein só pode ser comparado com o *Lance de dados* de Mallarmé, e Lacan, que demonstrei ser, por enquanto, o último antifilósofo verdadeiramente considerável, coloca a psicanálise como uma língua inventada.

O filósofo que sou – conceitual, sistemático, amoroso do matema – não pode evidentemente ceder ao canto dessas sereias maravilhosas e carniceiras que são os antifilósofos. Mas ele tem o dever de pensar à altura do desafio que eles representam. Como Ulisses, amarrado ao mastro sólido daquilo que acontece no pensamento do

Absoluto desde Platão, ele deve ouvi-los, compreendê-los e impor-se os deveres que sua acrimônia lembra-o: que, sem eles, ele vai se tornar um democrata consensual, um propagandista da pequena felicidade conveniente e um adepto do imperativo "Viva sem Ideia".

O que me fascina nesses adversários violentos e maravilhosos é isso: contra a moderação contratual e deliberativa que hoje se quer infligir a nós como norma, eles lembram que o sujeito só tem uma chance de manter-se à altura do Absoluto no elemento teso e paradoxal da escolha. É preciso apostar, afirma Pascal; é preciso encontrar em si mesmo, diz Rousseau, a voz da consciência; e Kierkegaard: "Pela escolha, [o sujeito] afunda-se naquilo que foi escolhido, e, se ele não escolher, definha". E, em relação à felicidade real, ela é subordinada aos encontros casuais que nos obrigam a escolher. É aí que a verdadeira vida aparece ou, se não tomarmos cuidado, mal a percebemos e ela desaparece.

Questão de vida ou de morte, a aposta, a escolha, a imperiosa decisão. O sujeito só existe nessa prova, e nenhuma felicidade é concebível se o indivíduo não ultrapassar o tecido de medíocres satisfações em que sua objetividade animal se mantém para tornar-se o Sujeito que ele é capaz de ser – e todo indivíduo dispõe, mais ou menos secretamente, da capacidade de tornar-se Sujeito.

Daí um sinal fascinante: que todo episódio da vida, seja ele tão trivial ou mínimo, possa ser a ocasião de experimentar o Absoluto e, logo, a felicidade real, a partir do momento em que ele convoca uma escolha pura, sem conceito formado, sem lei razoável, uma escolha que seja, segundo Kierkegaard, "o batismo da vontade que a incorpora na ética". Conhecemos o partido que Pascal pretende tirar, em benefício da fé, das doenças. Rousseau pode meditar sobre um desmaio, até mesmo sobre a masturbação. Quando Kierkegaard faz de seu noivado com Régine a prova suprema na qual entra em jogo a passagem do estado estético (a sedução de Don Juan) ao estado ético (o sério existencial do casamento), e em seguida ao estado religioso (o eu-próprio purificado e absolutizado que me torno na escolha, além do desespero), ele manifesta um traço típico da antifilosofia, de que a existência qualquer, o indivíduo anônimo, fazem surgir, melhor do que o filósofo pomposo, a chance do Absoluto. É nisso que o antifilósofo é um democrata *profundo*. Ele não se preocupa com os estatutos, com as qualificações, com os contratos. O debate, a liberdade das opiniões, o respeito do outro, o sufrágio, ele afirma que tudo isso é tolice. Entretanto, qualquer pessoa é digna da possibilidade de tornar-se um sujeito requisitado pelo Absoluto. A igualdade é nesse sentido radical, indiscutível. Kierkegaard glorifica todo indivíduo que saiba praticar essa resignação, essa passividade superior, graças à qual "o sujeito não pode ter sua verdadeira vida na vida imediata, mas é informado sobre o que poderia verdadeiramente *encontrar* na vida".

A palavra "encontro" é essencial. Um amor, uma revolta, um poema: isso não se deduz, isso não se distribui na serenidade consentida dos compartilhamentos, isso se encontra, e dessa reviravolta violenta da vida imediata resulta um acesso ao mesmo tempo singular e universal ao Absoluto. Toda felicidade real está em jogo em um encontro contingente, não existe nenhuma necessidade de ser feliz. Apenas os indivíduos "democráticos" do mundo contemporâneo, esses átomos desolados, acreditam que se possa viver na paz das leis, dos contratos, do multiculturalismo e das discussões entre amigos. Eles não percebem que viver é viver *absolutamente* e que a partir de então nenhuma objetividade confortável pode garantir essa vida. É preciso o risco do tornar-se sujeito, é preciso, como nos ensina Kierkegaard, que "a incerteza objetiva seja mantida firmemente na paixão da interioridade na mais alta potência".

Manter "a incerteza objetiva": essa contestação antifilosófica dos poderes da objetividade é uma máxima salutar. Por que se inclinar diante disso que é senão pela única razão de isso ser? Ao se preparar para esclarecer as leis do contrato social e as chances de liberdade, Rousseau declara, é seu discurso do método: "Deixemos de lado todos os fatos". Ele tem razão. O "realismo" econômico e político é uma grande escola de submissão. O indivíduo pode se chafurdar nele, mas o sujeito não pode surgir dele. Porque um sujeito nasce do encontro incalculável de um possível ignorado, ao qual se liga um tornar-se sujeito, único ponto de onde se pode dizer, como Pascal, "alegria, chore de alegria".

Todos os dias, explicam-nos que as exigências da mundialização e da modernização, sem contar as regras imutáveis da democracia convivial, obrigam-nos insistentemente a consentir a isso ou àquilo. Os grandes antifilósofos podem ao menos servir-nos para escaparmos das armadilhas do consentimento. Mesmo supondo que dar-lhes as costas seja desesperador ou absurdo, é absolutamente provável que esta seja a via do sujeito, da única capacidade irredutível que é sua: deslocar-se no elemento da verdade. Se até mesmo, como constata Kierkegaard, "ao escolher no sentido absoluto", ou seja, contra a injunção do razoável e do legal, "minha escolha for o desespero", de qualquer modo "escolho no desespero o Absoluto porque eu mesmo sou o absoluto". Nesse sentido – isso porque, para esses grandes atormentados que são os antifilósofos, a felicidade não é feita para as pessoas divertidas –, certa dose de desespero é a condição para a felicidade real.

Essas fórmulas surpreendentes lembram-nos que tornar-se sujeito de uma verdade, e participar um pouquinho no Absoluto, é uma chance que a existência nos proporciona na modalidade de uma contradição. Geralmente, apesar de manter-se de modo inflexível nas consequências de esse encontro ser absurdo e condenável aos olhos do mundo como ele é, apesar de essa condenação mole e consensual desesperar-nos, entretanto, nosso próprio acesso ao que podemos ser é posto em jogo aqui, e a via subjetiva é, sem nenhuma dúvida, a da obstinação, a da escolha pura de assumir as consequências de nosso fracasso-desencaminhamento. Evidentemente, já é essa instância do fracasso-desencaminhamento que Sartre encontrava em Kierkegaard, para dialetizar um pouco aquilo que, entretanto, o fascinava: a grande estrada da História aberta por nós pelos monumentais canteiros de Hegel e Marx.

Pois não se saberia falar do sujeito de uma verdade (amorosa, política, artística, científica...) sem a introdução da ideia de uma criação, mesmo que o *contexto* dessa criação seja determinado e repetitivo (Kierkegaard é, aliás, o maior pensador da repetição). E a criação exige o distanciamento de si sobre si, a existência paradoxal de uma diferença no idêntico, sem os recursos da mediação hegeliana. O que Kierkegaard recapitula assim: "Esse ele-mesmo [do sujeito da escolha] não existiu antes porque ele existe pela escolha e, no entanto, ele realmente existiu porque ele é 'ele-mesmo'".

É o testemunho, exemplar para nós, filósofos, dos grandes antifilósofos, esses sacrificados amargos do conceito: a existência é capaz de mais do que sua perpetuação. Ela é capaz, no elemento da verdade, de algum efeito de sujeito. E o afeto desse efeito, seja ele o entusiasmo político, a beatitude científica, o prazer estético ou a alegria amorosa, sempre é aquilo que merece, além de qualquer satisfação das necessidades, o nome de felicidade.

Realmente, para sustentar sua violência, ou seu fantasma, esses sacrificados do conceito precisam de religião, Deus, vidas miseráveis, ódios, absurdo... Mas a lição permanece. Se você quiser tornar-se outra coisa que não aquilo que lhe foi ordenado ser, confie apenas nos encontros, dedique sua fidelidade àquilo que é oficialmente banido, obstine-se nos caminhos do impossível. Perca-se. Então, como diziam as últimas palavras do sublime texto de Beckett, *Mal visto mal dito*, você poderá "conhecer a felicidade".

III. Para ser feliz, seria preciso mudar o mundo?

Uma grande tradição da Sabedoria imemorial seria dizer de maneira sintética que o homem deve adaptar seus desejos às realidades em vez de querer adaptar as realidades ao seu desejo. Nessa visão, existe algo como um *fatum* do real, e a felicidade mais elevada de que a humanidade é capaz reside na aceitação serena do inevitável. A filosofia estoica deu forma a essa "sabedoria" constantemente dominante, inclusive hoje, na qual ela diz assim: a pequena felicidade doméstica, consumidora, conectada e turística, que o capitalismo e sua "democracia" oferecem aos cidadãos privilegiados do Ocidente, talvez não seja excepcionalmente intensa, mas desejar outra coisa – o comunismo, por exemplo – conduz inevitavelmente ao pior. Nessa propaganda, as "realidades", econômicas no essencial, nos impõem a propriedade privada e a concentração do Capital como o Destino diante do qual todos os nossos desejos devem se curvar.

Quando Saint-Just, em plena Revolução Francesa, escreve que "a felicidade é uma ideia nova na Europa", ele conclama o sujeito humano a uma visão totalmente diferente das coisas. A Revolução deve desenraizar o velho mundo e estabelecer um laço essencial entre a virtude (cujo contrário é a corrupção, recurso invariável do poder dos ricos) e a felicidade. Ou seja, uma mudança total do mundo, uma emancipação de toda a humanidade em relação às formas oligárquicas que a dominam invariavelmente, desde o escravagismo da Antiguidade até o capitalismo imperial, é a condição prévia para que uma felicidade real possa ser uma possibilidade vital oferecida a todos.

Durante todo o século XIX e boa parte do século XX, em nível mundial, permaneceu muito ativa a concepção segundo a qual é preciso mudar o mundo para ser feliz. A questão em debate nessa irresistível corrente de natureza revolucionária é então: *como* mudar o mundo?

Pois percebemos rapidamente que essa questão não poderia ser simples na medida em que não contém nada menos que três palavras muito difíceis, a saber, o substantivo "mundo", o verbo "mudar" e o advérbio interrogativo "como". Assim, confrontamos logo de início um sintagma gramatical complexo.

Comecemos com o substantivo "mundo". O que é exatamente um mundo, ou, como dizemos com frequência, o que é "nosso mundo", nosso mundo contemporâneo? Se não especificarmos imediatamente o que entendemos como "mundo", o título deste capítulo se tornará uma questão muito obscura.

Tomemos um exemplo contemporâneo. Trata-se do famoso movimento, em 2012, de uma fração da juventude dos Estados Unidos, que se autodenominou "Occupy Wall Street". Qual é o mundo que essa revolta, que esse levante queria mudar? Seria "Wall Street" enquanto símbolo do capitalismo financeiro? Os manifestantes declararam: "Representamos 99% da população, enquanto Wall Street representa apenas 1%". Será que isso queria dizer que o mundo contra o qual eles protestavam era, além da pura economia, a falsa aparência política que é a democracia, na qual um grupo bem pequeno de pessoas ricas e poderosas, motivadas unicamente por seus interesses privados, controla a vida de um número incalculável de outras pessoas? Será que eles afirmavam que a felicidade coletiva tem como condição acabar com a "democracia" em que esse pequeno grupo, esse 1%, pode decretar a miséria absoluta de milhões de pessoas que vivem bem longe de nossas metrópoles ocidentais, ou seja, na África ou na Ásia? Entretanto, podemos igualmente perceber que as pessoas que ocuparam Wall Street eram principalmente jovens de ambos os sexos da classe média. Talvez eles estivessem protestando contra a vida triste, precária, a vida sem futuro claro e luminoso que é a de tantos jovens de ambos os sexos das metrópoles de nosso mundo ocidental? E, nesse caso, talvez sua questão não fosse tanto "mudar" o mundo, mas testemunhar ativamente, durante alguns dias ou algumas semanas, algo falso e triste em nossa existência coletiva. E acaba tornando-se provável que, como o que aconteceu em seguida provou, por trás desse estado de espírito desesperadamente subjetivo não existisse nenhuma representação clara do mundo objetivo e dos princípios de sua mudança na direção de uma emancipação da felicidade, da felicidade enquanto ideia nova. Na verdade, o que realmente o mundo era e deveria se tornar continuava escondido na felicidade momentânea do movimento.

Pois "mundo" não é, de maneira nenhuma, um substantivo simples. Em que escala podemos começar a falar de mundo? É claro que é preciso definir diferentes níveis de generalidade, ou de existência, a fim de compreender o que é um mundo. Proponho distinguir cinco delas aqui.

Em primeiro lugar, existe nosso mundo interior de representações, de paixões, de opiniões, de lembranças: o mundo dos indivíduos, com seus corpos e seus espíritos. Em segundo lugar, podemos definir os mundos coletivos que formam grupos fechados: o de minha família, de minha profissão, de minha língua, de minha religião, de minha cultura ou de minha nação. Esses mundos são dependentes de uma identidade fixa. Podemos igualmente considerar a história global da humanidade um mundo. Não se trata de um grupo fechado nem de uma identidade fixa, é um processo aberto que inclui inúmeras e importantes diferenças. Devemos igualmente levar em conta nosso contexto natural, nossa inclusão na natureza, que dividimos com as pedras, as plantas, os animais, os oceanos etc. Esse mundo é nosso pequeno planeta Terra. E, finalmente, em um quinto nível, existe o universo, as estrelas, as galáxias, os buracos negros... Temos, em suma, o mundo dos indivíduos, que é o da psicologia; o mundo dos grupos fechados, o da sociologia; o mundo do processo aberto, que é a existência da humanidade, ou História; nosso mundo natural, o da biologia e da ecologia; e, enfim, o mundo da física e da cosmologia.

Vamos encarar a segunda dificuldade, o verbo "mudar". É claro que nossa potencialidade ou nossa capacidade de mudar um mundo é absolutamente dependente do nível de definição desse mundo. Se eu for casado e apaixonar-me por outra mulher, isso pode eventualmente definir uma mudança muito importante nos dois primeiros níveis: meu mundo individual – paixões, representações etc. – e meu mundo familiar fechado. E, sem nenhuma dúvida, isso tem uma influência enorme em minha representação da felicidade pessoal. No segundo nível, existem inúmeros tipos de mudanças: a revolução, as reformas, as guerras civis, a criação de novos Estados, o desaparecimento de uma língua, o colonialismo ou, ainda, aquilo que Nietzsche chama de "a morte de Deus". A cada uma dessas mudanças correspondem, evidentemente, novas dialéticas da felicidade e da tristeza. No terceiro nível, o da História, existem as noções contrastantes de progresso, de internacionalismo ou de comunismo de um lado, e do outro o capitalismo enquanto fim da História, a democracia enquanto objetivo universal e, atrás de todos esses nomes prestigiosos, o imperialismo objetivo e o niilismo subjetivo. Já afirmei que, esses são quadros possíveis para uma filosofia da felicidade, seja estoica e resignada, seja revolucionária e militante. No quarto nível, temos o debate atual complexo sobre os problemas ecológicos, as mudanças climáticas e o futuro de nosso planeta. Existe aqui um recurso para uma concepção milenarista da felicidade da espécie humana. No quinto nível, não podemos fazer grande coisa. Somos apenas uma parte bem pequena, um fragmento insignificante do universo global. Mas buscamos sinais de vida além de nosso miserável planeta e, talvez, tenhamos a esperança de encontrar um dia formas totalmente inéditas de beatitude.

Qual é o significado exato do verbo "mudar" em todo esse negócio? Na verdade, acho que nossas distinções e nossas definições são imprecisas demais para nos fornecer um significado claro da expressão "mudar o mundo". Afinal de contas, não é verdade que um mundo possa mudar enquanto totalidade. É preciso ver as coisas em função dos diferentes níveis semânticos do substantivo "mundo". Um indivíduo pode mudar durante sua vida, mas certas partes de seu mundo subjetivo são invariantes, da mesma maneira que certos traços de seu corpo ou certas formações psíquicas fundamentais são determinadas pelas experiências da infância. Podemos ultrapassar os limites de nossos grupos fechados, mas não podemos evitar sermos completamente determinados por nossa origem, nossa língua e pano de fundo cultural de nossa nacionalidade. A mesma coisa vale para nossa ação em uma história aberta ou para nossos esforços para modificar ou preservar nosso meio ambiente natural.

Em todas as circunstâncias biográficas ou históricas, a possibilidade de uma mudança local em um mundo determinado pode ser observada, em seguida, essa mudança local pode originar consequências, às vezes consequências de longo alcance, causando remanejamentos tanto na representação quanto no real da felicidade. Uma mudança nunca aparece imediatamente de maneira clara como "mudança do mundo". Ela é estimada como grande ou pequena em relação a esse mundo, de maneira retroativa unicamente, por meio das consequências que ela causa.

Tomemos o exemplo famoso da revolução bolchevique na Rússia em outubro de 1917. O grande jornalista norte-americano John Reed escreveu um relato dessa revolução ao qual ele deu o título *Dez dias que abalaram o mundo*. Mas de que mundo se trata? Certamente não é uma mudança completa do mundo capitalista, como Marx e Lênin sonhavam (Lênin estava convencido de que a Revolução Russa era apenas o começo de um processo global, cuja segunda etapa seria a revolução na Alemanha). Pouco importa, esse evento local teve consequências de longo alcance. Ele teve o papel de referência de base para todos os ativistas revolucionários e representou uma parte importante – da União Soviética à China comunista, passando pela guerra do Vietnã ou por Cuba – do "mundo do século XX". Mas durante a segunda metade desse século assistimos ao desmoronamento de praticamente todos os "Estados socialistas" que tinham se desenvolvido após a revolução bolchevique de 1917. Somente agora podemos compreender o título do livro de John Reed. É verdade que uma parte do mundo foi abalada pela Revolução Russa. É verdade que suas consequências de longo alcance permitem qualificar esse evento de mudança real, de mudança considerável. Mas, no final das contas, nosso mundo global de hoje é dominado pelo capitalismo quase exatamente como era o mundo antes desse evento. Então podemos concluir que a mudança política mais importante do século XX não "mudou o mundo".

Por conseguinte, e a fim de compreender o "como?", proponho substituir a ideia de "mudar o mundo" por um complexo de três termos, de três conceitos: o evento, o real e as consequências. E agora vou me esforçar para explicar o mais claramente possível essa terminologia filosófica, assim como sua relação com a questão genérica da felicidade.

O evento é o nome de algo que acontece localmente em um mundo e que não pode ser deduzido pelas leis desse mesmo mundo. É uma ruptura local no futuro ordinário do mundo. Sabemos que, de maneira geral, as regras do mundo produzem uma espécie de repetição do mesmo processo. Por exemplo, no mundo capitalista, Marx propunha explicar completamente a repetição dos ciclos do investimento do dinheiro, sua transformação em produtos e seu retorno em dinheiro ou, ainda, a relação repetitiva entre salários, preço e lucro. Mais geralmente, ele descrevia o processo global do capital associando a produção à circulação. Ele também propôs uma explicação clara ao fato de as crises cíclicas não serem rupturas no futuro do capitalismo, mas partes racionais de seu desenvolvimento. É precisamente por isso que um evento não é, de maneira nenhuma, uma crise clássica. Por exemplo, a crise econômica atual na Europa não é um evento, é uma parte constitutiva do mundo capitalista globalizado. Um evento é algo que acontece localmente no mundo capitalista globalizado, mas que não pode ser compreendido em sua totalidade se nos contentarmos em utilizar a lógica repetitiva do capital, inclusive as leis das crises sistêmicas.

A força de um evento reside no fato de ele expor algo do mundo que estava escondido, ou invisível, porque isso estava mascarado pelas leis desse mundo. Um evento é a revelação de uma parte do mundo que apenas existia anteriormente na forma de uma obrigação negativa. E a correlação entre essa revelação e a questão da felicidade é clara: como se trata da liberação de uma obrigação, acontece de imediato, para todos que suportavam sem reconhecer claramente essa obrigação, o aparecimento de possibilidades inéditas do pensamento e da ação. Pois uma definição possível da felicidade seria a seguinte: descobrir em si mesmo uma capacidade ativa que se ignorava possuir.

Dou dois exemplos.

Por que o movimento de maio de 1968 foi um real evento na França? E por que, além de certa decepção, além do que se chama comodamente demais de "fracasso" revolucionário, esse evento deixou para seus atores, ao menos para aqueles que a corrupção dos anos 1980 não transformou em mortos-vivos, a lembrança de um momento intenso, transfigurado, absolutamente feliz – apesar de angustiante – de sua existência? A razão é que a ocorrência simultânea de uma revolta maciça dos estudantes e da maior greve geral jamais vista dos operários das fábricas revelou, no mundo da "França dos anos 1960", que a estrita separação entre jovens intelectuais e jovens trabalhadores enquanto lei desse mundo era uma necessidade envelhecida. O evento revelou precisamente que essa lei poderia, e ultimamente deveria, ser substituída por seu contrário: uma nova corrente política criada pela unidade direta entre jovens intelectuais e operários. Se o Partido Comunista Francês não foi um ator positivo nesse caso, mas estava, sobretudo, na mira do movimento, é porque ele também estava organizado seguindo a lei dessa separação: qualquer relação direta entre as células de intelectuais e as células comunistas das fábricas era estritamente proibida. É por isso que esse partido também fazia parte do velho mundo. O real do "novo" mundo, no quadro do velho mundo revelado pelo evento, consistia na afirmação de que uma forma de unidade política, que tinha sido proibida por todos os componentes do mundo antigo, era possível. E a descoberta de que era perfeitamente possível fazer o trajeto dessa unidade na sociedade, quebrar as barreiras sociais, tornar iguais em uma política que se inventava ao mesmo tempo em que era praticada, era a fonte de uma iluminação subjetiva sem precedentes.

Outra ilustração da força real de um evento é a famosa Praça Tahir durante a Primavera Árabe no Egito. Uma relação de indiferença, no melhor dos casos, e de antagonismo, no pior, entre muçulmanos e cristãos, era a lei comumente aceita no mundo nacional "Egito". Mas uma estreita unidade entre as duas comunidades, enquanto nova lei possível do mundo, foi observada durante a ocupação da praça pelas massas populares. Por exemplo, cristãos protegeram muçulmanos durante suas orações e, mais geralmente, os *slogans* políticos foram os mesmos para as duas comunidades. Nesse caso também, apesar de o futuro histórico ter sido marcado por uma espécie de circularidade mortal – a ruptura entre a pequena burguesia educada e os islamistas teve como resultado o retorno dos militares ao poder –, o traço subjetivo desse tempo de unidade permanece como aquilo que esclarecerá, inevitavelmente, o futuro.

Nos dois casos, o novo real revelado pelo evento encontra-se na forma de uma nova unidade que vai além das diferenças estabelecidas até então. Mas essas diferenças estavam "estabelecidas" no mundo enquanto leis desse próprio mundo. E essas leis, como todas as leis, prescreviam o que era possível e o que era impossível. Por exemplo, que os intelectuais e os trabalhadores ordinários deveriam estar separados na vida de todos os dias assim como na ação coletiva ou no pensamento. Mas, na verdade, maio de 1968 afirmou a possibilidade política de uma unidade direta do pensamento, da ação e da organização entre os dois grupos. A mesma coisa vale para a relação entre muçulmanos e cristãos no Egito.

Tudo isso nos permite uma observação crucial: graças à força de um evento, muitas pessoas descobrem que o real do mundo pode se situar em algo que é simplesmente impossível do ponto de vista dominante desse mesmo mundo. Temos aqui o significado profundo de um dos *slogans* de maio de 1968 na França: "Sejam realistas: peçam o impossível!", e compreendemos perfeitamente a frase um pouco misteriosa de Lacan: "O real é o impossível".

A nova afirmação, o grande "sim" que o real do mundo declara sob a pressão de um evento, é sempre a promessa da possibilidade de que o algo que era anteriormente impossível seja possível. E, nesse sentido, podemos dizer que *a felicidade é sempre o gozo do impossível.*

Então, o que chamo de "consequências do evento" é um processo concreto no mundo que desenvolve as diferentes formas de possibilidades daquilo que era impossível. A mesma coisa acontece com o poder executivo da felicidade. Propus chamar esse gênero de processo de uma "fidelidade" ao evento, em outros termos, as ações, criações, organizações, pensamentos que aceitam a nova e radical possibilidade daquilo que era uma lei do mundo: a impossibilidade. Então podemos dizer: *toda felicidade real é uma fidelidade.*

Ser fiel é tornar-se o sujeito da mudança, aceitando as consequências de um evento. Podemos dizer também que a novidade sempre tem a aparência de um novo sujeito cuja lei é a realização no mundo do novo real revelado – enquanto ponto de impossibilidade – como uma possibilidade proibida pelo "velho" mundo. Diremos então: *a felicidade é o surgimento, no indivíduo, do Sujeito que ele descobre poder se tornar.*

O novo sujeito existe quando pessoas incluem-se na organização, na estabilização e nas formas capazes de tolerar as consequências do evento. De outro lado, o sujeito não é completamente sujeito das leis do mundo porque as próprias consequências derivam de um evento, e o evento é uma ruptura no futuro ordinário do mundo. Logo, o novo sujeito se encontra ao mesmo tempo dentro e fora do velho mundo. Podemos dizer que ele é imanente ao mundo, mas sob a forma de uma exceção. Vamos avançar então para a ideia de que *a felicidade é o afeto do Sujeito enquanto exceção imanente.*

Guardaremos três traços fundamentais do novo sujeito que também podemos conceber como sujeito da felicidade.

Em primeiro lugar, a liberdade desse sujeito consiste em criar algo no mundo, mas enquanto exceção. Uma criação dessa ordem aceita as consequências do fato de que o real revelado pelo evento oponha-se a certas obrigações negativas do mundo. Assim, a verdadeira essência da liberdade para esse sujeito não é fazer o que ele tem vontade de fazer. Na verdade, "aquilo que você tem vontade de fazer" é, enquanto tal, uma parte de sua adaptação ao mundo tal como ele é. Se o mundo dá a você os meios de fazer aquilo que você tem vontade de fazer, isso ocorre, certamente, porque você obedece às leis desse mundo tal como ele é. No caso de uma criação real, você também deve criar alguns, senão todos os meios de sua criação. A verdadeira liberdade sempre é uma maneira de fazer aquilo que é prescrito pelo real enquanto consequência excepcional no mundo. Por conseguinte, *a verdadeira essência da liberdade, condição essencial da felicidade real, é a disciplina*. É por isso que a criação artística pode servir aqui de paradigma. Todos sabem que um artista obedece à estrita disciplina da inovação, da obra paciente e com frequência extenuante, a fim de conseguir, dia após dia, encontrar as formas de uma nova representação do real. É óbvio também que é o caso no que diz respeito à inovação científica. Mais geralmente, devemos afirmar que um sujeito existe no ponto em que é impossível distinguir entre disciplina e liberdade. A existência desse ponto é assinalada por uma felicidade intensa, da qual a expressão poética, que é indivisivelmente a linguagem "em liberdade" e uma disciplina formal rígida, é testemunha em particular.

Em segundo lugar, o sujeito não pode estar fechado em uma identidade. Enquanto exceção imanente, o processo emancipador está aberto e é infinito porque, situando-se em certa medida fora das obrigações limitadas do mundo, a obra de um sujeito sempre é universal e não pode ser reduzida às leis desta ou daquela identidade. Uma obra de arte, uma descoberta científica, uma revolução política, um verdadeiro amor, todos interessam à humanidade enquanto tal. É bem por isso que os operários, que não possuem nada e são reduzidos às capacidades de seus corpos, são aos olhos de Marx a parte genérica da humanidade. Essa ausência de identidade, essa negação genérica das identidades, explica igualmente a famosa declaração do *Manifesto do Partido Comunista*: "Os trabalhadores não têm pátria". Do ponto de vista objetivo do mundo, um sujeito, enquanto imanente a um mundo, sempre tem uma pátria. Mas do ponto de vista do processo de emancipação, um sujeito, enquanto exceção imanente, é genérico e sem pátria. E a felicidade, sabemos, esgota com seu poder subjetivo qualquer entrave identitário. Esse é exatamente o sentido da fórmula "os amantes estão sós no mundo", que significa que sua própria obra – o amor – desidentifica tudo o que poderia distingui-los, separá-los.

Em terceiro lugar, o ser-feliz do sujeito, já mencionei, reside em sua descoberta, no interior de si mesmo, de sua capacidade de fazer algo que ele não se sabia capaz de fazer. Nesse caso, todo o ponto encontra-se na transcendência – no sentido hegeliano, *Aufhebung* –, a saber, ultrapassar o limite aparente descobrindo que no próprio limite mantém-se o recurso de sua transcendência. Nesse sentido, *toda felicidade é uma vitória contra a finitude*.

É preciso introduzir aqui uma distinção clara entre "felicidade" e "satisfação". Fico satisfeito quando vejo que meus interesses de indivíduo estão de acordo com o que o mundo me oferece. A satisfação é então determinada pelas leis do mundo e pela harmonia entre meu eu e essas leis. Enfim, fico satisfeito quando posso assegurar-me de que estou bem integrado ao mundo. Mas podemos contestar dizendo que a satisfação é, na realidade, uma forma de morte subjetiva porque o indivíduo, reduzido à sua conformidade ao mundo como ele é, é incapaz de tornar-se o sujeito genérico que ele é capaz de ser.

Em um processo de emancipação, experimentamos o fato de a felicidade ser a negação dialética da satisfação. A felicidade se encontra ao lado da afirmação, da criação, da novidade e da genericidade. A satisfação se encontra ao lado daquilo que Freud chamava de pulsão da morte, a redução da subjetividade à objetividade. A satisfação é a paixão de buscar e de encontrar o "bom lugar" que o mundo oferece ao indivíduo e, em seguida, permanecer nele.

Aqui está o motivo pelo qual todo este texto fala da relação estreita que existe entre a felicidade e a subjetivação de um processo de pós-evento de emancipação (política), de criação (artística), de invenção (científica) ou de alteração – no sentido do tornar-se-outro-em-si-mesmo – (o amor).

Chegando a esse ponto, podemos retomar a interrogação que constitui meu título: "Como mudar o mundo?".

A resposta poderia ser: tornando-se uma parte subjetiva das consequências de um evento local. Também poderíamos dizer: sendo fiel a um evento, criando uma equivalência entre liberdade e disciplina, inventando uma nova forma de felicidade que seja uma vitória sobre a ditadura da satisfação e sobre o poder de pulsão da morte. Sabemos que algo está mudando em um mundo quando experimentamos o fato de a felicidade não ser o objetivo predeterminado do processo da mudança, mas a subjetivação criadora do próprio processo. O mundo está mudando quando podemos declarar, como Saint-Just, que a felicidade é uma ideia nova.

Essa visão era fundamental na concepção de Marx da revolução. Para ele, o nome da nova possibilidade de justiça coletiva, como sabemos, era o "comunismo". A obrigação negativa do capitalismo, revelada pelo evento revolucionário, é clara: para o capitalismo, a igualdade é impossível. Por conseguinte, "comunismo" é o nome da possibilidade política dessa impossibilidade: a possibilidade da igualdade. Mas, como vemos em *Manuscritos de 1844* e em seu famoso *Manifesto*, Marx não acha que o comunismo seja o programa de uma nova sociedade ou uma ideia abstrata da justiça. Comunismo é o nome do processo histórico de destruição da velha sociedade, então mudar não é obter um resultado. O resultado reside na própria mudança.

Essa visão pode, sem dúvida, ser interpretada em um nível mais geral: a felicidade não é a possibilidade de satisfação de cada um. A felicidade não é a ideia abstrata de uma boa sociedade na qual cada um está satisfeito. A felicidade é a subjetividade de uma tarefa difícil: lidar com as consequências de um evento e descobrir, sob a existência terna e morna em nosso mundo, as possibilidades luminosas oferecidas pelo real afirmativo cuja lei desse mundo era a negação escondida. A felicidade é gozar da existência poderosa e criadora de algo que, do ponto de vista do mundo, era impossível.

Como mudar o mundo? A resposta é na verdade regozijante: sendo feliz. Mas devemos pagar o preço disso, que é o de ficarmos, às vezes, realmente insatisfeitos. É uma escolha, a verdadeira escolha de nossas vidas. É a verdadeira escolha no que diz respeito à verdadeira vida.

O poeta francês Arthur Rimbaud escreveu: "A verdadeira vida está ausente". Tudo o que tento afirmar aqui se resume a isso: é você que deve decidir se a verdadeira vida está presente. Escolha a nova felicidade e pague o preço!

IV. Destino e afetos da filosofia

Como visto nos capítulos anteriores, "felicidade" é uma palavra sintética para vários afetos ligados a procedimentos de verdade distintos. Em *Logiques des mondes* (2006), indico pela primeira vez de maneira explícita que a participação de um indivíduo em uma verdade é assinalada por um afeto e que para cada tipo de verdade existe um afeto diferente. Neste livro, eu me detenho finalmente nas seguintes denominações: falo de *entusiasmo* para a ação política, de *beatitude* para a descoberta científica, de *prazer* para a criação artística e de *alegria* para o labor amoroso. É verdade que não descrevi realmente esses afetos. Não entrei em uma fenomenologia de seus valores individuais. Vou provavelmente remediar isso, ao menos parcialmente, se conseguir escrever o terceiro volume da série cujo título geral é *L'être et l'événement: l'immancence des vérités* [O ser e o evento: a imanência das verdades]. Esse livro tratará, entre outras coisas, do conjunto daquilo que se passa com um determinado indivíduo quando ele se incorpora em um procedimento da verdade, quando ele é tomado pela Ideia. Deverei abordar novos pontos, em particular o da distinção desses afetos: a beatitude não é o prazer, o prazer não é a alegria, e o entusiasmo difere destes três.

Mas qual é a necessidade geral de um terceiro livro depois de *O ser e o evento* e *Logiques des mondes*? E de que maneira essa necessidade poderia tratar particularmente da natureza dos afetos e, então, do laço entre filosofia e ideia da felicidade?

Em primeiro lugar, vamos analisar as perspectivas das coisas. Podemos fazer isso simplesmente. *O ser e o evento* pode ser considerado a primeira parte de uma construção em vários tempos, parte que diz respeito principalmente à questão do ser. Qual é a situação do ser, do "ser enquanto ser", como Aristóteles o chamou? Qual é a situação das vias e dos meios para conhecê-lo? Minha proposta ontológica é que o ser enquanto ser é multiplicidade pura, ou seja, multiplicidade não composta de átomos. O ser é evidentemente composto de elementos, mas esses elementos são multiplicidades que são, elas mesmas, compostas de multiplicidades. Entretanto, chegamos a um ponto de pausa, que não é de maneira nenhuma o Uno – o Uno seria obrigatoriamente um átomo –, mas o vazio. Eis então minha proposta sobre o ser. Quanto ao conhecimento do ser, minha proposta é a de identificar a ontologia — o discurso sobre o ser — à matemática, ela mesma considerada ciência do múltiplo puro, do múltiplo "sem qualidades" e sem Uno. Aliás, *O ser e o evento* desenvolve, como contraponto, uma teoria das verdades que é uma teoria *formal* das verdades: as verdades são, como todas as coisas, multiplicidades. Sua singularidade é que elas dependem de um evento que é uma multiplicidade evanescente, uma multiplicidade que não encontra, na situação em que ele acontece, nenhum fundamento. Uma verdade é uma multiplicidade que se compõe das consequências de um evento e que se encontra então suspensa a um ser infundado. Então, trata-se de saber de que maneira é essa multiplicidade, paradoxal e muito rara, que chamaremos de uma verdade. Logo, o livro trata, ao mesmo tempo, de uma teoria do ser e de uma teoria das verdades, tudo isso no quadro de uma teoria do múltiplo puro afetado de vez em quando por um surgir infundado. Desse ponto de vista, o afeto subjacente à empresa — a empresa ontológica — é principalmente a beatitude que engendra a compreensão científica (logo, a matemática das multiplicidades). Quem quer que tenha tido a experiência do estado em que se fica quando, no meio da noite, depois de esforços vãos e inúmeras páginas rabiscadas, de repente cintila a luz da arquitetura de uma demonstração e o sentido que ela dá a toda uma teoria vai me entender. A beatitude é o nome da felicidade que prodigaliza o ser enquanto ser, desde que tomado na linha de sua pureza.

A segunda parte dessa construção, *Logiques des mondes*, trata da questão do aparecer. Trata-se de uma teoria daquilo que, do ser, aparece em determinados mundos e forma relações entre os objetos desses mundos. Proponho dizer que essa parte da construção de conjunto é uma *lógica*. Trata-se de uma lógica, visto que ela não trata mais da composição daquilo que é, mas das relações tecidas entre todas as coisas que aparecem localmente nos mundos. Em suma, depois de uma teoria do ser, uma teoria do *estar-aqui*, para utilizar um vocabulário próximo ao de Hegel – ou seja, do ser como ele se encontra colocado e disposto nas relações de um mundo singular. Os afetos subjacentes são, sem dúvida, de maneira prioritária, o prazer da obra de arte e a alegria do amor, porque tanto um como outro estão profundamente ligados ao gozo de uma ou várias relações. No caso da arte, a relação com o sensível sob todas suas formas, os diferentes momentos de seu "compartilhamento", como afirma Jacques Rancière; no caso do amor, a experiência dialética íntima da diferença e de seu poder mágico em relação a uma travessia do mundo liberta da solidão.

Em *Logiques des mondes*, a questão da verdade é evidentemente retomada. *O ser e o evento* tratava do ser das verdades enquanto multiplicidades especiais, o que, a partir do matemático Paul Cohen[1], chamei de multiplicidades genéricas. Com *Logiques des mondes*, entra-se na

---

[1] Paul Joseph Cohen (1934-2007), matemático norte-americano. (N. T.)

questão dos corpos reais, da lógica de suas relações e, em particular, na questão do aparecer das verdades. Se tudo o que aparece em um mundo é um corpo, é preciso abordar a questão do corpo de uma verdade. Então, esse segundo tomo tem, de modo amplo, como finalidade uma teoria dos corpos que também possa ser uma teoria do corpo das verdades, enquanto o primeiro tomo tem como finalidade uma teoria das multiplicidades que possa também ser uma teoria das verdades como multiplicidades: multiplicidades genéricas.

O fato de a questão do corpo das verdades ser central esclarece evidentemente que o prazer (do sensível formalizado) e a alegria (do outro, do Dois sexuado como soberano do mundo) sejam, a esse nível, as formas mais claramente exploradas da felicidade.

O projeto do terceiro tomo é examinar as coisas e, logo, o ser e o aparecer, *do ponto de vista das verdades*. O primeiro tomo questiona: qual é a situação das verdades em relação ao ser? O segundo: qual é a situação das verdades em relação ao aparecer? O terceiro perguntará: qual é a situação do ser e do aparecer do ponto de vista das verdades? Assim, terei abordado toda a questão.

O problema é que chegar a esse terceiro tempo supõe longos desvios e questões muito difíceis.

Uma verdade, do ponto de vista humano, do ponto de vista antropológico, compõe-se de incorporações individuais em conjuntos mais vastos. Então, eu gostaria de saber como se apresentam o mundo e os indivíduos do mundo, como eles se dispõem quando os examinamos no interior do próprio processo das verdades. É uma questão que derruba de certa forma a perspectiva dos dois primeiros volumes. Perguntava-se o que eram as verdades do ponto de vista do ser e do ponto de vista do mundo, pergunta-se agora qual é a situação do ser e do mundo do ponto de vista das verdades. Então, esbarra-se nos problemas de escala: as verdades, como o ser, são essencialmente infinitas, enquanto os corpos, como eles aparecem nos mundos, parecem irremediavelmente marcados pela finitude. Como apresentar hoje essa dialética do finito e do infinito que atormenta a filosofia desde, em todos os casos, sua idade moderna, desde Descartes, para quem, enigmaticamente, o infinito era uma ideia "mais clara" do que a do finito?

A felicidade está evidentemente implicada nesse caso, ainda mais porque uma definição simples pode ser esta: *toda felicidade é um gozo finito do infinito*.

Naturalmente, esboços dessa dificuldade são encontrados nas duas obras anteriores. *O ser e o evento*, em particular, contém uma teoria bem complicada do efeito de retorno das verdades infinitas sobre o mundo no qual, depois do evento que lhes deu nascimento, elas trabalharam. Esse efeito reside na figura do *saber*. A tese é que se chamará saber, novo saber, criação de um saber, a maneira como uma verdade esclarece de modo diferente a situação ontológica. É como em Platão: chega-se à ideia saindo da caverna das aparências, mas é preciso descer de novo na caverna das aparências para esclarecer o que existe a partir da Ideia. E é preciso fazer isso, mesmo correndo certos riscos. É, com efeito, no momento do retorno à caverna que o risco é maior, no momento em que você se pronuncia, do ponto de vista daquilo que você estima ser verdade, sobre o mundo como ele aparece e, logo, sobre as ideologias dominantes. Pois, para Platão, apenas esse risco realiza a Ideia e, logo, a felicidade ligada à verdade. Na verdade, quem recusa o retorno à caverna, quem se omite ao dever de compartilhar a universalidade da verdade, até pode se dizer satisfeito pela possessão da Ideia: ele ignora a felicidade que apenas esse compartilhamento busca.

Tratei essa questão do retorno uma primeira vez em *O ser e o evento* sob o nome de teoria da forçação: forçamos uma transformação do saber comum a partir da verdade nova. É uma teoria bem complexa, como já é, na verdade, a teoria do retorno à caverna em Platão. Platão, no fim das contas, não disse grande coisa, senão que o retorno é muito arriscado, muito difícil, tão incerto quanto necessário. Platão afirma que temos de ser forçados a esse retorno, do contrário, permaneceríamos no calmo domínio da contemplação das verdades, contentar-nos-íamos com a satisfação, não nos elevaríamos até a felicidade. Aqui, o termo "forçação", utilizado em *O ser e o evento*, no que diz respeito à relação de uma verdade aos saberes, encontra-se absolutamente em seu lugar. Não é um procedimento natural, espontâneo. *Toda felicidade é obtida, em um sentido, pela força do querer.*

Em relação ao *Logiques des mondes*, o livro não trata de teoria da forçação, mas de uma teoria das relações estreitas entre a singularidade do mundo e a universalidade de uma verdade através do fenômeno das condições concretas, que aparecem, empíricas, na construção do corpo das verdades. Sustento que a verdade seja um corpo. Nesse sentido, ela é feita com aquilo que existe, ou seja, com outros corpos individuais, e é o que chamaremos de uma incorporação. Essa incorporação esclarece-nos sobre a maneira pela qual uma verdade procede em um mundo e sobre sua relação com os materiais desse próprio mundo, ou seja, os corpos e a linguagem. Em *Logiques des mondes*, parto da fórmula: "Em um mundo, existem apenas corpos e linguagens, ou seja, existem verdades". Procedo a um primeiro exame materialista desse "ou seja": as verdades também são corpo e linguagem, corpos subjetiváveis. Para esclarecer a relação das verdades aos corpos e às linguagens, utilizo uma noção equivalente à da forçação de *O ser e o evento*, ou seja, o conceito da *compatibilidade*. Um corpo de verdades é composto de elementos compatíveis, em um sentido ao mesmo tempo técnico e elementar: eles deixam-se dominar por um mesmo elemento.

Uma verdade, no fundo, é sempre uma multiplicidade unificada, dominada ou organizada por algo que torna compatível aquilo que não o era necessariamente. Tomemos um exemplo muito simples: boa parte da concepção do que era um partido revolucionário consistia em criar uma teoria na qual intelectuais e operários fossem compatíveis e em que a política tornasse compatíveis as diferenças de classe que normalmente não o são. A teoria de Gramsci[2] sobre o intelectual orgânico e outras teorias vizinhas são desse tipo. Elas não tratam simplesmente as diferenças de classes enquanto conflito, elas criam também compatibilidades entre classes que não existiam, daí, por exemplo, uma teoria das alianças de classe. Em estética, temos uma situação da mesma ordem. Uma obra de arte – considerada como sujeito – cria compatibilidades entre coisas que eram consideradas não compatíveis, absolutamente separadas. Uma pintura cria compatibilidades entre as cores que não pareciam destinadas a combinarem, entre formas que eram díspares. Ela integra formas e cores em compatibilidades de tipo superior.

Em resumo, o conceito de forçação, ao nível ontológico, e o conceito de compatibilidade, ao nível fenomenológico, já tratam da relação entre a verdade e a situação na qual a verdade procede, e logo também, implicitamente, da nova dialética entre o finito e o infinito que, entre outras coisas, é a chave da felicidade real. O terceiro volume sistematizará tudo isso. Ele vai se instalar de certo modo nos diferentes tipos de verdade para se perguntar: o que acontece quando um mundo inteiro é abordado do ponto de vista da verdade? O que acontece

---

[2] Antonio Gramsci (1891-1937), escritor e teórico político italiano. (N. T.)

ontologicamente quando se adota o ponto de vista das multiplicidades genéricas sobre as multiplicidades ordinárias, comuns, que compõem ontologicamente uma situação? Nesse quadro, tratarei dos afetos singulares que assinalam, ao nível individual, o processo de incorporação. O que é a felicidade amorosa? O que é o prazer estético? O que é o entusiasmo político? O que é a beatitude científica? Em *L'immanence des vérités* [A imanência das verdades], tudo isso será sistematicamente estudado. Espero assim chegar, com a ajuda das teorias modernas sobre o finito e o infinito, a uma espécie de ciência especulativa da felicidade.

A construção desse futuro livro será, em suma, muito simples. Tenho a intenção de fazer um grande desenvolvimento inaugural, mais técnico e mais preciso, do problema que acabo de apresentar rapidamente: o problema da relação entre os indivíduos incorporados a uma verdade e as multiplicidades ordinárias, pensadas tanto em seus seres como em seus apareceres modernos. Essa entrada será organizada em torno de uma ideia muito simples, que é a de que a incorporação a uma verdade é invariavelmente um novo meio de articular a dimensão finita dos indivíduos e a dimensão infinita de todo processo de verdade. O formalismo subjacente será, então, necessariamente uma nova dialética entre multiplicidades finitas e multiplicidades infinitas, com a teoria moderna dos "muito grandes infinitos" como apoio matemático. Essa teoria é, a meu ver, uma condição capital para toda filosofia contemporânea da felicidade, entre outras coisas porque ela consegue distinguir os infinitos fracos, que só podem prodigalizar, no melhor dos casos, satisfação, dos infinitos fortes, de cujo surgimento depende a felicidade real. Tenho a intenção de fazer em seguida uma segunda parte que falará das leis gerais, dos dispositivos formais, que organizam as relações para o mundo a partir do ponto de vista das verdades. Teremos, assim, uma teoria geral da incorporação individual e dos afetos que a assinalam. Perguntaremos: o que é o esclarecimento do mundo do ponto de vista das verdades? O que é um obstáculo? Uma vitória? Um fracasso? Uma criação? Uma terceira parte retomará as coisas, um procedimento de verdade por vez, propondo uma teoria sistemática da arte, da ciência, do amor e da política. Tal teoria, mesmo se esboçada em inúmeros locais de minha obra, não estará presente em nenhum lugar. Eis o plano ideal de *L'immanence des vérités* em seu estado atual de *work in progress*.

Gostaria de insistir no fato de que, na segunda parte, tenho a intenção de propor uma teoria daquilo que existe de comum entre os quatro procedimentos de verdade e sua unidade virtualmente possível. Essa parte comportará, na verdade, a retomada de uma teoria das verdades, mas dessa vez do ponto de vista das próprias verdades. Será o caso de perguntar-se o que as identifica em si mesmas, não mais naquilo que as diferencia do ser anônimo ou dos objetos do mundo. Mas será o caso também de continuar minha interrogação sobre a filosofia. Como se sabe, no *Manifeste pour la philosophie* eu a defini como aquilo que cria um local de compatibilidade, um local de coexistência, para as quatro condições. Resta examinar se a filosofia não se apoia, além disso, sobre uma *figura de vida* que integraria esses procedimentos. É uma pergunta que me fazem frequentemente, e tenho a intenção de enfrentá-la sem rodeios. Vê-se, evidentemente, de imediato, que se trata daquilo que já chamei aqui de verdadeira vida; mas não apenas isso, pois, a partir do momento em que se trata de reunir os quatro procedimentos de verdade, a questão seria mais exatamente: o que é uma vida *completa*? A questão da verdadeira vida eu já abordei no final de *Logiques des mondes*. O que é a verdadeira vida, que Rimbaud diz estar ausente, mas que sustento que pode estar presente? Minha resposta é: viver sob o signo da Ideia, ou seja, viver sob o signo da incorporação efetiva. A questão final, em *L'immanence des vérités*, será vizinha, mas diferente: será que existe uma Ideia das ideias, ou seja, uma Ideia da vida completa? Assim voltamos para a ambição da sabedoria da Antiguidade. Reencontramos essa aspiração inicial de uma vida, não apenas marcada pela Ideia e pela verdade, mas pela ideia de uma vida realizada, uma vida em que tudo aquilo que pode ser teria sido experimentado em matéria de verdade.

Será que essa interrogação irá até a suposição de possibilidade de existência de um sujeito filosófico? Um sujeito cujo afeto seria precisamente a felicidade, subsumindo sob seu poder o prazer, a alegria, a beatitude e o entusiasmo?

A objeção evidente é que aquilo que se mantém, por assim dizer, no meio das quatro condições, aquilo que circula conceitualmente da arte para a ciência passando pela política e pelo amor, é a própria filosofia, e não um sujeito filosófico cuja existência é duvidosa. Entretanto, a questão do sujeito vai assombrar esse terceiro tomo. Sempre lutei contra a tese que afirma que a filosofia era um procedimento de verdade como qualquer outro. Ela não pode ser como qualquer outro procedimento, visto que depende de sua existência, enquanto nem a arte, nem a ciência, nem o amor, nem a política dependem da existência da filosofia. Então, é evidente que a filosofia não se encontra no mesmo lugar em relação aos quatro tipos de procedimentos de verdade. Entretanto, a questão de saber se podemos indicar o lugar de um sujeito filosófico está aberta. Supondo que um sujeito filosófico exista, o que ele seria? O que é ter um acesso à filosofia? O que é estar na filosofia? Não existe certamente incorporação filosófica, no sentido de que ela se encontra no militante político, no artista, no cientista ou no amante. No entanto, temos acesso, na filosofia, a um pensamento consistente, e não a nada. A questão permanece aberta. Se supusermos a existência de um sujeito da filosofia, qual seria seu lugar? Seria, como algumas de minhas metáforas sugerem, um centro ausente? É claro que a filosofia propõe uma doutrina geral daquilo que é um sujeito de verdade. Mas como entrar nessa proposta filosófica, como se alimentar dela? De que nova maneira ela permite retornar aos procedimentos de verdade? Como, enfim, ela pode abrir o caminho para a verdadeira vida ou para a vida completa? São questões que vou levantar. É claro que minhas abordagens sobre essas questões sempre foram bem hesitantes. Estou diante de um problema não resolvido. Não é pelo fato de minha filosofia ser sistemática que ela pretende ter resolvido todos os problemas!

É preciso dizer que até hoje tive tendência a abordar alguns problemas negativamente, rejeitando em vez de propor. Assim, rejeitei a tese sofística segundo a qual a filosofia só é uma unificação geral das coisas porque é uma retórica geral. A virada linguística do século XX terminou fundamentalmente em um tipo de doutrina que assimila a filosofia a uma retórica geral. Isso pode chegar até a tese de Barbara Cassin[3]: não existe ontologia, apenas uma logologia. É a linguagem que molda e constitui tudo aquilo que se propôs como forma do ser. O século XX conheceu uma tendência, ao mesmo tempo acadêmica, crítica e antidogmática que se centrou progressivamente no poder criador da linguagem. Derrida foi o sutil mestre dessa tendência. A meu ver, isso faz da filosofia uma retórica geral, retórica inventiva, moderna, aquilo que se queira. Mas, como já afirmei várias vezes, não sou dessa opinião. Na discussão entre Platão e os sofistas, inscrevo-me sem pestanejar ao lado de Platão, o Platão

---

[3] Laure Sylvie Barbara Cassin (1947-), filóloga, filósofa, helenista e germanista francesa. (N. T.)

do *Crátilo*, para quem, como sabemos, o filósofo parte das coisas, e não das palavras. Adiciono aqui que a doutrina dos sofistas é uma teoria da satisfação, de nenhuma maneira uma teoria da felicidade. E isso porque ela se resigna à finitude, porque ignora tudo do infinito.

Então, negativamente, já tomei uma série de posições sobre o acesso à filosofia e sobre o papel desse acesso na questão final da felicidade. Em um modo mais afirmativo, designei o que chamei de operações filosóficas: então não falei de eventos, mas de operações. Pareceu-me impossível contestar duas delas. Em primeiro lugar, as operações de identificação: a filosofia percebe as verdades, em particular as verdades de seu tempo, por meio da construção de um conceito renovado daquilo que é uma verdade. Segunda operação: por meio da categoria de verdade, a filosofia torna compatíveis os registros diferentes e heterogêneos de verdade. Trata-se de uma função de discernimento e de uma função de unificação. A filosofia sempre se encontrou aprisionada entre as duas. O discernimento chega a uma concepção crítica, distinção daquilo que é verdadeiro e não verdadeiro, a unificação chega aos diferentes usos da categoria de totalidade e de sistema.

Continuo apoiando essas duas funções clássicas da filosofia. Aliás, sempre afirmei que eu era um clássico. Mostro que a filosofia elabora, em contemporaneidade com suas condições, categorias de verdade que lhe permitem discernir essas condições, isolá-las, colocar em evidência que elas não são reduzíveis ao cotidiano ordinário. Aliás, ela tenta pensar, de certa maneira, um conceito do contemporâneo indicando como as condições compõem uma época, uma dinâmica do pensamento, na qual todo sujeito inscreve-se. Nesse sentido, a filosofia designa o horizonte possível de toda felicidade real.

Mas é preciso ir mais longe e perguntar-se qual é a relação da filosofia com a vida. É uma questão primordial. Se não pudermos dizer para o que a filosofia serve do ponto de vista da verdadeira vida, ela se torna apenas uma disciplina acadêmica suplementar. Então, o terceiro volume tentará também criar a possibilidade de uma abordagem frontal dessa questão: será o caso de retomar a questão platônica da relação da filosofia e da felicidade.

Em suma, é preciso passar de uma doutrina negativa da singularidade universal das verdades para uma doutrina imanente e afirmativa. Eu mesmo estou espantado pelo fato de só ter tratado até agora das verdades e, por conseguinte, dos sujeitos – o sujeito é o protocolo de orientação de uma verdade, verdade e sujeito estão absolutamente ligados – de maneira diferencial. Pergunto-me que tipo de multiplicidade é uma verdade. O que a diferencia de uma multiplicidade qualquer? Era a proposta fundamental de *O ser e o evento*. Já naquela época, então, eu estava na exceção. Se uma verdade é uma exceção às leis do mundo, devemos poder explicar em que consiste essa exceção. Se estivermos no domínio da ontologia, da teoria do ser, da teoria matemática do ser, deveremos poder explicar matematicamente qual é o tipo de multiplicidade que singulariza as verdades. Apoiando-me na teoria dos conjuntos e nos teoremas de Cohen, mostro que essa multiplicidade é *genérica*. Em outros termos, é uma multiplicidade que não se deixa pensar através dos saberes disponíveis. Nenhum predicado do saber disponível permite identificá-los. É para isso que serve a técnica de Cohen: mostrar que uma multiplicidade indiscernível, que não se deixa discernir pelos predicados que circulam nos saberes, pode existir. Do mesmo modo, a verdade escapa do saber ao nível de seu próprio ser. Isso parece uma determinação positiva das verdades: elas são multiplicidades genéricas. Mas, observando de perto, trata-se de uma determinação negativa: elas são multiplicidades que *não são* reduzíveis ao saber disponível. Minha definição da verdade passa então por uma abordagem diferencial, e não por uma construção intrínseca ou imanente.

Em *Logiques des mondes*, a verdade é definida como corpo subjetivável. Quais são suas características próprias? Existem várias, mas uma é central: o protocolo de construção desse corpo é tal que tudo aquilo que o compõe é compatível. Entretanto, essa compatibilidade, no fundo, é apenas uma característica relacional daquilo que é uma verdade. No interior de uma verdade, encontra-se uma relação de compatibilidade entre todos os seus elementos. É uma característica objetiva. Então, em ambos os casos, cheguei a uma determinação objetiva precisa, respectivamente do ser de uma verdade e do aparecer de uma verdade, com os conceitos de genericidade e de compatibilidade. Mas, precisamente, falta uma determinação subjetiva. Tudo isso não nos diz aquilo que é a verdade vivida do interior do procedimento de verdade, ou seja, aquilo que ela é para o próprio sujeito de verdade.

Minhas respostas a essas questões continuam a ser, em minha opinião, funcionais demais. Em nível ontológico, digo que o sujeito é um ponto, um momento local da verdade. Em nível fenomenológico, digo que ele é uma função de orientação da construção de um corpo subjetivável. São definições funcionais que permanecem objetivas. No entanto, é preciso chegar a algo que materialize, escreva, organize o protocolo da verdade, visto dessa vez de maneira imanente, ou seja, *subjetividade* enquanto tal. Em *Théorie du sujet*, eu distinguia o "processo subjetivo" e a "subjetivação". Para utilizar essa distinção, eu diria que *O ser e o evento* e *Logiques des mondes* contêm coisas decisivas sobre o "processo subjetivo", mas que a "subjetivação" permanece obscura, tratada negativamente e de modo puramente diferencial. A subjetivação é o modo que se subjetiva o protocolo da verdade do interior. Falta uma intuição daquilo que é uma subjetivação. Mas, já afirmei várias vezes neste livro, a felicidade está ligada de modo crucial à subjetivação.

Mas como tratar de modo convincente a subjetivação? E quais são os protocolos formais de um tratamento como esse? Por enquanto, em todos os casos, sei de uma coisa: isso vai supor uma transformação formal da categoria de negação. Em particular, isso supõe que se possa ter simultaneamente uma negação "forte" (na tradição política marxista, dizemos: uma contradição antagônica ou "irreconciliável") e uma negação "fraca" que admita contradições não destruidoras, contradições que não suponham a condenação à morte de um dos dois termos.

É na linha desse conceito que se deve chegar ao uso de novas formalizações. Se os protocolos subjetivos de uma verdade compõem-se de associações ou de incorporações dos indivíduos ao futuro de uma verdade, então a questão é saber como funciona a diferença individuada no interior do protocolo de verdade. É uma questão que sempre me interessou. Tomemos um exemplo bem simples. Duas pessoas olham um quadro. Teremos um fragmento de incorporação, fragmento assinalado por certo afeto, por um trabalho da inteligência, pela imobilização do olhar sobre o quadro. Ponho-me mais no ponto de vista do espectador do que do criador, para indicar realmente que uma verdade está constantemente disponível à incorporação. Será que esse ato de subjetivação que é a incorporação seria idêntico em ambos os espectadores? Tratar-se-ia de identidade ou de compatibilidade? Não se pode afirmar, em todos os casos, que a dualidade no centro dessa experiência – aliás, podem existir milhões de pessoas nessa mesma experiência – rompa a unidade do sujeito. Como isso é possível? Uma grande parte do ceticismo no que diz respeito às verdades enraíza-se nesse tipo de experiência. A cada um sua verdade, dizia

Pirandello. "A cada um sua verdade" implica que não existe nenhuma verdade. No caso de um quadro, haverá um objeto único que vai se deslocar segundo as percepções de cada um. Poderíamos dizer que o prazer, forma sintética de felicidade na contemplação artística, dispersa-se em inúmeras satisfações disjuntas.

Por que, agora, esse problema da dispersão subjetivadora está ligado à negação? Porque a dificuldade é a de saber a que tipo de negação essa dispersão é enviada. Cada um vê o quadro a seu modo, a percepção de um *não é* a percepção do outro. Mas o que significa "não é"? É aquilo que desloca a percepção e conduz ao ceticismo, é a ideia que esse "não é" é uma negação clássica, ou seja, que uma das percepções pode e deve ser contraditória em relação à outra.

Então, em que teoria da negação podemos nos apoiar para evitar essa consequência cética da negação ordinária? A resposta é que devemos nos apoiar na teoria da negação paraconsistente, o terceiro tipo de lógica (depois da clássica e da intuicionista) descoberta pelo brasileiro Da Costa[4] no qual o princípio de contradição não é válido. Além do recurso detalhado à teoria dos infinitos, o formalismo novo que será então introduzido em grande escala nesse terceiro tomo será a negação paraconsistente que contradiz explicitamente o princípio da não

---

[4] Newton Carneiro Affonso da Costa (1929-), matemático, lógico e filósofo brasileiro. (N. T.)

contradição. Esse formalismo permite que, desde que se trate de uma verdade, percepções contraditórias possam coexistir sem interromper a unidade dessa verdade. Isso me interessa ainda mais, pois no âmago do amor um problema desse gênero aparecerá, se admitirmos, e é essa minha tese, que para compreendê-lo inteiramente devemos partir da coexistência de uma posição feminina e de uma posição masculina – posições, sob certos ângulos, inteiramente disjuntas.

Então, se o formalismo mais importante de *O ser e o evento* foi a teoria dos conjuntos e o teorema de Cohen, se o formalismo mais importante de *Logiques des mondes* foi a teoria dos feixes, a topologia e, logo, amplamente a lógica intuicionista, o formalismo do terceiro volume será o estabelecimento de relação da teoria moderna dos infinitos e da lógica paraconsistente, com toda uma meditação sobre os limites do princípio de não contradição. Poderemos dizer que a felicidade é simultaneamente uma subjetivação intrafinita do infinito e que ela é compartilhada, no sentido em que minha subjetivação "não é" a do outro sem, no entanto, contradizê-la, visto que a negação é, nesse caso, paraconsistente.

Logo, não existem apenas formalismos. Eles apenas são, na verdade, espécies de andaimes para a construção conceitual e supõem uma boa dose de intuição. Podemos sustentar que todo filósofo parte de um contato subjetivo com a verdade – de certo modo, seu ponto pessoal de encontro com a verdade. É esse ponto que ele busca transmitir por meio de sua filosofia. Mas, ao mesmo tempo, ele sabe, no fundo de si mesmo, que esse ponto não é transmissível, visto que seu contato é feito absolutamente com a verdade. Isso não explicaria, em particular, a dificuldade que Platão sofreu para definir a Ideia do Bem? Será que não estamos nos arriscando a chegar, nesse ponto, ao inefável? Isso acontece em várias disposições filosóficas. Chegamos a um ponto que é o último ponto real. Esse último, conforme o que Lacan diz, não se deixa simbolizar. Spinoza, por exemplo, nomeia um ponto último que é a intuição intelectual de Deus, mas ele não dá nenhuma intuição real. A prova disso é que a melhor aproximação é a beatitude experimentada no saber matemático. Porque o saber matemático faz parte do segundo gênero de conhecimento, e não do terceiro. Logo, a intuição do ponto último desaparece. Já Platão declara expressamente em *A República* que ele só pode dar uma imagem do Bem, e nada mais.

L'immanence des vérités será em parte uma tentativa de circundar ao máximo esse ponto, com a esperança de reduzi-lo enquanto ponto inefável. Tratar-se-á de torná-lo também o menos inefável possível e, logo, também o mais transmissível possível. No entanto, não sei, atualmente, até onde devo ir nessa direção. Mas sei que me separo aqui, e sinto muito por isso, de Platão.

Platão parte de uma experiência filosófica da Ideia, mas a necessidade de transmitir essa experiência continua, para ele, amplamente exterior ao conteúdo da própria experiência. É por isso que ele afirma que será preciso obrigar os filósofos a se fazerem políticos e pedagogos. Quando eles forem levados à Ideia do Bem, eles só terão uma ideia: permanecer nela! Essa necessidade de transmitir, que vem do exterior da própria experiência da verdade, é para Platão uma exigência social e política. É preciso que essa experiência possa ser compartilhada ao nível da organização geral da sociedade. Se não transmitirmos, deixamos as pessoas sob o império das opiniões dominantes. Então, é preciso "corromper" a juventude, no sentido que era o de Sócrates, ou seja, transmitir a ela os meios para não ser escravizada pelas opiniões dominantes.

Compartilho plenamente essa visão da filosofia. Sou muito apegado, como se sabe, à sua didática. Mas é preciso reconhecer que em Platão existe uma obscuridade sobre a questão de saber qual é a natureza da verdade. Ele não disse essa verdade realmente. Sabemos que existiram interpretações absolutamente contraditórias sobre Platão. Ele pôde ser visto, por Galileu e muitos outros, como o próprio exemplo do racionalismo científico. Mas para os neoplatônicos ele foi tomado como o próprio exemplo da ideologia transcendente. Essas divergências são explicadas pelo fato de Platão não ter dito grandes coisas sobre essa verdade da qual ele fala. De certa forma, ele reservou a experiência dela. E talvez faltasse para ele, indo mais longe, uma racionalização do conceito do infinito, de sua pluralização matemática, que a humanidade teve de esperar durante mais de dois milênios, entre Eudóxio e Cantor. Porque é muito difícil pensar aquilo que é verdade sem poder dizer claramente que ela é originária de um tipo infinito diferente daquele no qual ela opera, ou se constrói, e que o infinito-verdadeiro não é o infinito-que-é. É por isso também que a teoria platônica da felicidade, bem em seu princípio (a felicidade é a subjetivação do verdadeiro), continua abstrata enquanto sua possibilidade.

Para mim, as verdades existem, eu as caracterizo, digo e direi de maneira explícita como e por que elas existem. É verdade que a transmissão é difícil aqui. O que deve ser transmitido é que as verdades, enquanto sua existência, encontram-se em primeiro lugar na exceção do resto e, em segundo lugar, existem como obras, a partir de uma dialética espremida entre vários tipos de infinito. Aliás, Platão também apresenta a Ideia do Bem como excepcional. A Ideia do Bem não é uma Ideia! Segundo uma passagem de *A República* muito comentada, ela ultrapassa largamente a Ideia em prestígio e em poder. O que isso quer dizer? A teologia negativa dirá que é Deus e que não se pode dizer nada de Deus. Do lado do racionalismo, encontramos a interpretação de Monique Dixsaut[5] e de vários outros – inclusive a minha também. Ela consiste em mostrar que existe um princípio de inteligibilidade que não é redutível à própria Ideia. O fato

---

[5] Monique Dixsaut, filósofa francesa. (N. T.)

de a Ideia ser o princípio de inteligibilidade encontra-se naturalmente além da Ideia como princípio regional da ação ou da criação. Sem dúvida, Platão ainda não tinha os meios — infinitos de tipo superior e lógica paraconsistente — de conceitualizar esse "além".

Platão é um personagem fundador e de uma importância muito grande para mim. Mas devemos reconhecer que ele não se posiciona. Ele mostra uma obliquidade que, aliás, favorece o diálogo porque nunca se sabe exatamente quem fala e quem diz a verdade. Tudo isso escorre como água na corredeira; no final, entendemos bem o problema, mas não a solução. Não se sabe exatamente em que sentido Platão pronunciou-se. É um pouco como uma decepção organizada. Por exemplo, os interlocutores de Sócrates em *A República* fazem-no perceber que já chegou a hora de ele definir essa Ideia do Bem que ele ainda mantém desde há muito tempo. Então, vemos Sócrates bancar o difícil e dizer logo depois: "Vocês estão me pedindo coisas demais!".

Esse não é meu estilo. Pelo contrário, tento dizer o máximo do que posso dizer. Sou um platônico mais afirmativo e posiciono-me mais do que Platão. Pelo menos é isso que tento! É a concepção que tenho da filosofia: um exercício de transmissão de algo que poderíamos nos contentar em declarar que é intransmissível. Nesse sentido, é esse o impossível próprio da filosofia, seu objetivo, seu termo. Então, estou engajado na luta contra o ceticismo contemporâneo, o relativismo cultural, a retórica generalizada, exatamente como Platão estava engajado contra os sofistas. Trata-se, para mim, de afirmar a posição de exceção da verdade, mas de não declará-la intransmissível porque seria mostrar uma fraqueza considerável em relação ao niilismo dominante.

Não obstante, deixo aberta a possibilidade de que o conceito de verdade, e mais ainda o que chamo de sua ideação, o que quer dizer a incorporação de um indivíduo ao futuro de uma verdade, seja, como esse parece ser o caso de Platão, bem dificilmente transmissível. Em relação a isso, é particularmente interessante observar o programa de aprendizagem da filosofia em *A República*: 1. Aritmética; 2. Geometria; 3. Geometria espacial; 4. Astronomia; 5. Dialética. Mas, na passagem sobre a dialética, como todo mundo pode perceber, não há quase nada! Contentamo-nos, então, em guardar que o aprendizado filosófico baseia-se na matemática e na astronomia, logo, catalogada explicitamente na condição científica. Além dessa base, "dialética" nomeia algo diferente. Mas essa diferença continua abstrata, não é mais clara do que a Ideia do Bem. Então, estamos tentados a reduzir a felicidade à beatitude matemática. O que eu não posso aceitar.

Então, seria preciso se aproximar da famosa tese de Bergson segundo a qual cada filosofia encontra um ponto inatingível em sua consciência? Como ele diz: "Nesse ponto existe algo de simples, de infinitamente simples, mas tão extraordinariamente simples que o filósofo nunca conseguiu dizê-lo. E é por isso que ele falou durante toda sua vida".

O ponto desse gênero que eu vejo em minha filosofia é, de maneira definitiva, o da felicidade. Delimitei e identifiquei que se deve, na verdade, pensar a subjetivação do verdadeiro até o fim – e não apenas a existência do processo de verdade. É isso que chamo de incorporação, não percebida em sua lógica objetiva, mas retomada do ponto de vista do próprio indivíduo, no momento em que ele participa na atividade de um Sujeito, porque ele está incorporado no futuro-corpo do verdadeiro. A intuição dessa incorporação é acompanhada, de maneira geral, por um afeto singular que é indubitavelmente nada menos do que esse sentimento de dificuldade em transmitir do qual nós falamos. É esse o problema que será o objeto da obra, sem dúvida a última, na qual eu trabalho.

Não obstante, hesitarei em dizer que o obstáculo seja a simplicidade. Essa simplicidade é evidentemente típica da ontologia bergsoniana, não uma ontologia matemática, mas vitalista. O ponto radical de uma ontologia vitalista consiste em situar-se no diferencial puro do movimento ou da duração. Na verdade, é aí que se pode fazer a experiência da simplicidade absoluta e, ao mesmo tempo, encontrar o fundamento do pensamento para Bergson. Mas quando a ontologia é matemática, como é o caso para mim, partimos de uma complexidade intrínseca, de uma multiplicidade pura, que apenas remete a uma simplicidade originária que é o vazio. Aliás, é óbvio que não se pode falar nada do vazio.

Finalmente, concedo a Bergson que exista um ponto originário da experiência, ponto que toda a didática filosófica esforça-se para unir-se a ele e transmiti-lo. Mas acho que a experiência desse ponto é a experiência concentrada de uma complexidade, e não a experiência de uma simplicidade. No fundo, eu até concordo com Spinoza. O exemplo que ele propõe para o terceiro gênero de conhecimento, o intuitivo e absoluto, é o de uma demonstração matemática que será recuperada em um ponto. Isso me convém. Quando uma demonstração matemática é realmente compreendida, não se precisa mais das etapas: compreendeu-se algo que se junta em um ponto. Isso dito, a didática é obrigada a retomar as etapas porque existe uma complexidade desse ponto, complexidade escondida, na medida em que temos uma relação a um ponto. Não é a mesma coisa ter uma complexidade contraída e uma simplicidade pura como em Bergson. E, daí, a felicidade não se encontra, como para um vitalista, na simplicidade de um impulso, mas na secreta complexidade do ponto ideal que guia nossa incorporação ao verdadeiro, seja da multidão política, da dualidade amorosa, dos algoritmos matemáticos ou dos formalismos do sensível.

Mais do que vitalista, acho que sou ao mesmo tempo materialista e platônico. Posso começar aqui com um fato que me espantou muito. O próprio Althusser[6] sustentou, com uma força particular, a ideia de que a contradição principal da filosofia encontrava-se entre o materialismo e o idealismo. Mas para ir até o fim dessa tese nas condições do materialismo moderno, por causa da matemática, da ciência moderna, do resultado geral do materialismo, ele viu-se obrigado a introduzir a noção de *materialismo aleatório*. Por uma quantidade enorme de razões, era preciso inelutavelmente um lugar para a questão do acaso em todo materialismo contemporâneo, sendo a mais espetacular dessas razões o desenvolvimento da mecânica quântica. Na unidade de plano materialista que desenvolvo, a existência objetiva das multiplicidades é ladeada, por assim dizer, pela possibilidade do aleatório, pela possibilidade de que aconteça algo imprevisível, incalculável, não reincorporável a partir do estado existente das coisas. É o que chamo de um evento. Existe algo como um ponto absoluto casual, no sentido em que ele não se deixa organizar por aquilo de onde se origina. Não preciso de nada mais que esse ponto casual. Basta um evento para eu desenvolver a exceção do verdadeiro. E não saio do materialismo, nenhuma razão intrínseca obriga a estar organicamente ligado ao determinismo. O determinismo foi apenas uma das concepções possíveis do materialismo.

---

[6] Louis Althusser (1918-1990), filósofo francês. (N. T.)

Como se sabe desde as origens do materialismo, o determinismo é insuficiente visto que, desde o atomismo primitivo, o clinâmen, esse desvio repentino dos átomos, sem razão nem causa, introduz um evento subtraído a qualquer determinação – falei longamente sobre isso em *Théorie du sujet*. Admiro muito particularmente os primeiros materialistas, consequentes, heroicos, Demócrito, Epicuro, Lucrécio, que, em um mundo povoado por deuses e superstições, introduzem a tese radical de que apenas existem átomos e vazio. Não obstante, eles tiveram de se dobrar à evidência de que não podiam deduzir o evento do mundo apenas com os átomos e o vazio. É preciso um terceiro termo que tem a forma de um acaso puro. Finalmente, quando digo: "Existem apenas corpos e linguagens, embora existam verdades", realizo um gesto epicuriano. Digo que existe uma exceção. Mas essa exceção é fundada apenas sobre a existência do evento. E o evento não é nada mais do que a possibilidade do aleatório na estrutura do mundo, não acho de maneira nenhuma que com a introdução dos eventos eu saia do materialismo. Alguns julgaram que nesse caso havia um novo dualismo. Disseram-me: "Você introduziu a exceção, deixou de ser materialismo". Mas acontece que as consequências de uma exceção estão inteiramente situadas em um mundo. Não existe plano sensível e plano inteligível, plano do evento e plano do mundo que sejam distintos. Aliás, sustento que se possa interpretar Platão fazendo a economia dessa dualidade do sensível e do inteligível, que são mais da ordem de um platonismo vulgar. É verdade que Platão exprime-se com frequência assim. Mas não nos esqueçamos de sua falta de posicionamento, sua obliquidade e sua utilização muito frequente das imagens.

Para retornar ao evento, ao aleatório, é preciso insistir muito sobre a existência de uma cesura. Existe o antes e o depois. Essa cesura não faz passar de um mundo inferior a um mundo superior. Continuamos no mesmo mundo. As consequências da cesura até têm um estatuto de exceção em relação àquilo que não depende da cesura. Mas será preciso demostrar que essas consequências estão organizadas segundo a lógica geral do próprio mundo. É uma demonstração, é um trabalho que me imponho a cada vez. Meus amigos velho-marxistas, como o insubstituível Daniel Bensaïd, que me acusam de introduzir um elemento milagroso, são simplesmente materialistas mecanicistas. Marx e até mesmo Lucrécio já batalhavam contra eles.

Adicionemos que, quando você é um materialista não mecanicista, você é dialético. Na verdade, acho que podemos considerar minha empresa filosófica como uma vasta travessia da dialética. Mantive, parte a parte, a ideia de que o estatuto ontológico das verdades é um estatuto de exceção: exceção do genérico em relação ao que é construtível; exceção do corpo subjetivável em relação ao corpo ordinário; exceção de meu materialismo em relação a um materialismo simplista para o qual existem apenas corpos e linguagens. Pois a categoria de exceção é uma categoria dialética, visto que o pensamento da exceção sempre tem duas vertentes contraditórias. É preciso pensar uma exceção como uma negação, já que ela só é redutível ao que é ordinário, mas também é preciso não pensá-la como milagre. Então, é preciso pensá-la como interna ao processo de verdade – não milagrosa – e pensá-la, apesar de tudo, como exceção. E tal é, afinal de contas, a evidência da felicidade. De um lado, ela é como um presente que nos é oferecido pelo mundo, para nós, indivíduos a ponto de nos tornarmos sujeitos. Mas, de outro lado, esse presente é supranumerário, improvável, excepcional, ainda que feito apenas do tecido do mundo. Ele é a infinidade latente enfim experimentada em toda a sua finitude sem que essa infinidade seja transcendente. Muito pelo contrário, ela é a mais profunda imanência.

Talvez seja isso o que Lacan queria indicar por "êxtimo": ao mesmo tempo íntimo e exterior ao íntimo. Pois nos encontramos bem aqui no âmago da dialética. Segundo Hegel, por exemplo, a negação de algo é imanente a esse algo, mas ao mesmo tempo o ultrapassa. O âmago da dialética é esse estatuto da negação, como um operador que separa e inclui ao mesmo tempo. Nesse sentido, eu diria que permaneço de maneira contínua na dialética e, muito particularmente, em *Théorie du sujet*, livro ainda muito ligado ao marxismo clássico e a seus desdobramentos maoizantes. Em *Théorie du sujet* não existe teoria geral das quatro condições da filosofia, aliás, ainda menos teoria geral do evento. As categorias fundamentais de *O ser e o evento* encontram-se apenas de maneira indireta, como aquilo que permitiria reunificar o que permanecia ainda um pouco fragmentado. Mas podemos dizer que continuo do começo ao fim de minha empresa filosófica – de *Théorie du sujet*, há 32 anos, ao futuro *L'immanence des vérités* – uma meditação sobre a negação. Busco pura e simplesmente explicar a possibilidade da mudança, a possibilidade de passar de certo regime das leis daquilo que é para outro regime, por meio da mediação do protocolo de uma verdade e de seu sujeito. Então, estou no pensamento da dialética, e em uma teoria dialética da felicidade, que é a negação paraconsistente da finitude através de um infinito completo. Mas como meu pensamento dialético inclui uma figura do acaso, ele é não determinista. Lembro que a dialética hegeliana é implacavelmente determinista. Nisso ela é um grande pensamento típico do século XIX. Ela é o espetáculo do autodesenvolvimento do Absoluto na necessidade imanente desse desenvolvimento. Evidentemente, estou muito longe de tudo isso. É a razão pela qual tenho uma relação ao mesmo tempo próxima e complicada com Hegel. Não devemos esquecer que, em meus três grandes livros já publicados, Hegel é um autor minuciosamente discutido: em *Théorie du sujet* em relação ao próprio processo dialético, em *O ser e o evento* em relação ao infinito, em *Logiques des mondes* em relação ao estar-aqui, às categorias do estar-aqui. Em *L'immanence des vérités*, discutirei centralmente o conceito hegeliano do Absoluto, pois, definitivamente, tanto para mim como para Hegel ou Platão, toda felicidade real é uma espécie de acesso provisório ao Absoluto. Porém, nossas ideias sobre a questão não são as mesmas. Então, sempre tive uma discussão íntima com Hegel, mas também com Marx, Lênin, Mao, os grandes revolucionários dialéticos, em relação à condição política. Simplesmente, com a presença de um elemento aleatório, introduzo um princípio de cesura que não é exatamente homogêneo aos princípios clássicos da negação. É por isso finalmente que utilizarei três lógicas diferentes e emaranhadas: a lógica clássica, a lógica intuicionista e a lógica paraconsistente. E, ao mesmo tempo, elevarei ao absoluto o referencial ontológico – o pensamento do múltiplo puro – através da teoria, realmente sensacional, dos "muito grandes infinitos". Triplicidade lógica e infinidade dos infinitos serão a chave de uma teoria geral da felicidade, que é o objetivo de toda filosofia.

A filosofia, para mim, é essa disciplina de pensamento, essa disciplina singular, que parte da convicção de que existem verdades. Daí, ela é conduzida em direção a um imperativo, uma visão da vida. Que visão é essa? O que tem valor para um indivíduo humano, o que lhe oferece uma vida verdadeira e orienta sua existência, é fazer parte dessas verdades. Isso supõe a construção, bem complicada, de um aparelho para discernir as verdades, aparelho que permita circular no meio delas, torná-las compatíveis. Tudo isso no modo da contemporaneidade.

A filosofia é esse trajeto. Logo, ela vai da vida que propõe a existência das verdades até a vida que faz dessa existência um princípio, uma norma, uma experiência. O que nos oferece a época em que vivemos? O que ela é? Quais são as coisas que têm valor nela? Quais são as coisas que não têm valor nela? A filosofia propõe uma triagem na confusão da experiência, de onde ela tira uma orientação. Essa elevação da confusão para a orientação é a operação filosófica por excelência e sua própria didática.

Isso supõe um conceito da verdade. Essa "verdade" pode muito bem receber outro nome. Assim, em toda uma parte da obra de Deleuze, aquilo que chamamos aqui de "a verdade" ele chama de "o sentido". Posso identificar, em qualquer outra filosofia, o que eu mesmo teria chamado de "verdade". Isso pode se chamar "Bem", "espírito", "força ativa", "númeno"... Escolhi "verdade" porque assumo o classicismo.

Então, é preciso uma triagem, e para isso é preciso uma máquina de triagem, ou seja, um conceito de verdade. É preciso mostrar que essa verdade realmente existe, mas que não existe milagre e não é necessário possuir dispositivos transcendentes. Algumas filosofias fazem questão desses dispositivos transcendentes. Mas não é de maneira nenhuma meu caminho. Então, retornamos à questão simples, à questão inicial: o que é viver? O que é uma vida digna e intensa, não reduzível aos estritos parâmetros animais? Uma vida que assinala o afeto que é meu tema aqui, o afeto da felicidade real?

Acho que a filosofia deve incluir, ao mesmo tempo em sua concepção e em sua proposta, a convicção de que a verdadeira vida pode ser experimentada em imanência. Algo deve assinalar a verdadeira vida do interior dela mesma, não apenas como um imperativo exterior, como um imperativo kantiano. Isso diz respeito a um afeto que assinala, indica, em imanência, que a vida vale a pena ser vivida. Existe em Aristóteles uma fórmula da qual gosto muito e que retomo com muito prazer: "viver como imortal". Existem outros nomes para esse afeto: "beatitude" para Spinoza, "alegria" para Pascal, "super--homem" para Nietzsche, "santidade" para Bergson, "respeito" para Kant... Acho que existe um afeto da verdadeira vida, e eu dou a ele o nome mais simples: *felicidade*. Esse afeto não tem componente sacrificial. Nada de negativo é exigido. Não existe, como nas religiões, sacrifício cuja recompensa aconteça amanhã e alhures. Esse afeto é o sentimento afirmativo de uma dilatação do indivíduo, a partir do momento em que ele pertence também ao sujeito de uma verdade.

Bem recentemente entendi a incrível obstinação de Platão em demonstrar que o filósofo é feliz. O filósofo é mais feliz do que todos aqueles que acreditam serem mais felizes do que ele, os ricos, os *bon-vivants*, os tiranos... Platão retorna a isso sem parar. Ele nos dá inúmeras demonstrações sobre esse ponto: apenas aquele que vive sob o signo da Ideia é verdadeiramente feliz, e ele é o mais feliz de todos. O que isso significa é bem claro:

o filósofo experimentará, do interior de sua vida, o que é a verdadeira vida.

A filosofia é então três coisas. É um diagnóstico da época: o que a época propõe? Uma construção, a partir dessa proposta contemporânea, de um conceito de verdade. Enfim, é uma experiência existencial relativa à verdadeira vida. A unidade dos três é a filosofia. Mas em um determinado momento a filosofia é *uma* filosofia. Quando eu tiver escrito *L'immanence des vérités*, tendo assim verdadeiramente proposto uma unidade dos três componentes de toda filosofia, poderei dizer: a filosofia sou eu. E, logo, da mesma maneira, igualitariamente, todos vocês que me leem e que pensam, concordando comigo ou discordando de mim, também são a filosofia. Porque, se um pensamento existe, também existe a eternidade de uma experiência terrestre, a de uma imanência à verdadeira vida. Então, todos nós, amigos e inimigos, compartilharemos a felicidade dessa imanência.

Epílogo

Ao longo deste livro, definições da felicidade foram propostas, contestadas, testadas, rejeitadas, aceitas... Eis, a título de recapitulação de minha trajetória, 21 dessas definições, acompanhadas da página onde elas se encontram.

1. A felicidade é o sinal infalível de todo acesso às verdades. (p. 9)
2. A felicidade não é a recompensa da virtude, mas a própria virtude. [Spinoza] (p. 10)
3. A felicidade é a experiência afirmativa de uma interrupção da finitude (p. 13)
4. A felicidade é o afeto da verdadeira vida. (p. 21)
5. A felicidade real é uma figura subjetiva do Aberto. (p. 22)
6. A felicidade real é o afeto da democracia. (p. 23)
7. A felicidade real é o gozo de novas formas de vida. (p. 24)

8. Toda felicidade real supõe uma liberação do tempo. (p. 35)

9. A felicidade existe apenas para um sujeito, para o indivíduo que aceita se tornar sujeito. (p. 41)

10. Andar sob o imperativo de uma Ideia verdadeira destina-nos à felicidade. (p. 43)

11. Toda felicidade real está em jogo em um encontro contingente, não existe nenhuma necessidade de ser feliz. (p. 49)

12. Certa dose de desespero é a condição para a felicidade real. (p. 50)

13. O afeto do efeito de sujeito, seja ele o entusiasmo político, a beatitude científica, o prazer estético ou a alegria amorosa, sempre é aquilo que merece, além de qualquer satisfação das necessidades, o nome de felicidade. (p. 51)

14. A felicidade é sempre o gozo do impossível. (p. 64)

15. Toda felicidade real é uma fidelidade. (p. 65)

16. A felicidade é o surgimento, no indivíduo, do Sujeito que ele descobre poder se tornar. (p. 65)

17. A felicidade é o afeto do Sujeito enquanto exceção imanente. (p. 65)

18. A verdadeira essência da liberdade, condição essencial da felicidade real, é a disciplina. (p. 66)

19. Toda felicidade é uma vitória contra a finitude. (p. 68)

20. Toda felicidade é um gozo finito do infinito. (p. 76)

21. Toda felicidade é obtida, em um sentido, pela força do querer. (p. 77)

1ª edição outubro de 2018 | **Fonte** Garamond
Papel Holmen Vintage 80 g/m² | **Impressão e acabamento** Orgrafic